¡*Hola,*
MAÑANA!

¡Hola, MAÑANA!

CINDY TRIMM

CASA
CREACIÓN

Las citas bíblicas marcadas (PDT) han sido tomadas de *Palabra de Dios para todos*, Copyright © 2005, 2008, 2012, Centro Mundial de Traducción de La Biblia, Copyright © 2005, 2008, 2012 World Bible Translation Center.

Traducido por: www.pica6.com (colaboración de Salvador Eguiarte D.G.)
Diseño de la portada por: Lisa Rae McClure
Director de Diseño: Justin Evans

Originally published in the U.S.A. under the title: *Hello, Tomorrow!*
Published by Charisma House, Charisma Media/ Charisma House Book Group

Visite el sitio web de la autora en www.cindytrimm.com.

Library of Congress Control Number: 2018951871
ISBN: 978-1-62999-398-0
E-book ISBN: 978-1-62999-399-7

Impreso en los Estados Unidos de América
18 19 20 21 22 * 7 6 5 4 3 2 1

CONTENIDO

— ◆ ◆ ◆ —

◆ ◆ ◆

Porque las palabras del año pasado perte-
necen al lenguaje del año pasado. Y las palabras del siguiente año esperan otra voz.

—T. S. Eliot

PARECE SER QUE toda mi vida he estado en una misión
para empoderar a personas ordinarias, personas como
usted y yo, para expresarse y hacerse oír en maneras
extraordinarias. En todos mis viajes alrededor del planeta,
el común denominador que veo entre las personas en todas
partes es la necesidad de sentir como si tuvieran una voz;
una voz de autodeterminación que, entre otras cosas, los
ponga detrás del volante de sus propias vidas. Esto también
ha sido un vínculo en común a lo largo de todos mis libros,
comenzando con el original *Las reglas de combate*.

He descubierto que esta necesidad no solo es universal,
sino que es sentida profundamente hoy como nunca lo ha
sido. Más que nunca, mis audiencias quieren saber cómo cerrar la brecha entre lo que es y lo que puede ser: entre lo que
son ahora y en quiénes pueden finalmente convertirse. Están
buscando estrategias prácticas para no solo facultarlos para
proseguir "a la meta, al premio del supremo llamamiento de
Dios en Cristo Jesús" (Filipenses 3:14), sino también para
discernir lo que es el supremo llamamiento para ellos. Un
mapa y una brújula pueden ayudarlo a llegar a cualquier
parte, pero primero debe saber a dónde va.

Quiero ayudarlo a cambiar su manera de pensar para que
pueda ver más lejos en la dirección de lo que es posible para
usted. Quiero equiparlo con las herramientas que necesita

para lanzarse a las profundidades de su mayor potencial. Quiero mostrarle cómo puede conectarse con su propia voz poderosa y su imaginación para dirigir la nave de su vida; y entonces cómo extender las velas de la fe para acelerar en su camino hacia el cumplimiento de la visión inspirada por Dios.

En *Declara bendición sobre tu día*, enseño a detalle cómo aprovechar el poder de sus pensamientos y sus palabras para reordenar su día y, finalmente, su vida. En *¡Hola, mañana!* quiero mostrarle cómo aprovechar el poder de una visión convincente, atractiva y apremiante para no solamente cambiar su futuro, sino finalmente el mundo. Quiero darle una nueva voz para un nuevo día.

La palabra *voz* tiene su raíz en el latín *vocare* que significa llamar o invocar.[1] Una comprensión inglesa de la palabra genera el significado de "espíritu invisible o fuerza que dirige o sugiere". El francés añade el sentido de "reporte"[2], mientras que en el *Oxford English Dictionary* encontramos "una agencia mediante la que un punto de vista particular es expresado o representado", llevando a su implicación de "tono o estilo distintivo" de alguien.[3]

Es interesante que la palabra *hola* era utilizada originalmente para llamar la atención. Es una alteración de *aló*, que proviene de una palabra del siglo quince que significa "el clamor de un marinero para alentar el esfuerzo". *Hola* obtuvo popularidad como palabra con el auge del teléfono, y se puede considerar una palabra que le da voz a su voz. Incidentalmente *hola* o *aló* ganaron sobre la sugerencia de Alexander Graham Bell de usar *atención* al responder el teléfono. También me divertí mucho al enterarme de que, a finales de la década de 1880, las operadoras telefónicas eran conocidas como "las chicas hola".[4]

¿Cómo llamo para atraer o invocar lo mejor que el mañana

tiene que ofrecer? ¿Cómo cruzamos ese puente de donde estamos ahora a donde queremos estar en los mañanas del futuro? ¿Cómo maniobramos la nave de nuestra vida para que naveguemos más cerca de la orilla de nuestros sueños donde le podamos vocear: "¡Hola!", a nuestro destino?

Lo hacemos con visión. La visión lo llama a salir de su pasado para participar en su futuro. Señala hacia la transformación cultural, la reestructuración institucional, el cambio sistémico, el avance humano, la emancipación política, las potencialidades futuras, las realidades espirituales y las posibilidades económicas, las cuales tienen el poder de cambiar la trayectoria de vidas individuales, comunidades y países.

Este es el poder transformador de la visión: ser capaz de ver esas nuevas tierras de posibilidades en el horizonte. Una visión que lo hala hacia adelante lo faculta para vencer su pasado y superar las limitaciones de sus condiciones presentes. Pero usted no solamente tiene que ser capaz de ver lo que es posible en la distancia —tener visión de futuro, por decirlo así— también debe ser capaz de ubicarlo en un mapa y navegar hacia lo que usted ve. Usted debe convertirse en el Cristóbal Colón de su propio potencial. Usted debe aprender a seguir su propia estrella polar y navegar a través de los mares y las tormentas de la vida, y en semejanza a los magos que fueron guiados a Jesús por una estrella (Mateo 2:1-2), usted debe ser capaz de leer las señales del cielo para entender las claves que lo guíen hacia un nuevo mundo de posibilidades con el que solo ha soñado.

Con esto en mente, me esforzaré por llevarlo en un viaje utilizando los siguientes símbolos como metáforas.

- La nave: su vida
- El mapa: su visión

- La brújula: sus valores
- La estrella polar: su dirección deseada
- El timón: sus pensamientos y su imaginación
- Las velas: su fe
- El timón de dirección: sus palabras
- El viento: su pasión
- La nueva tierra por alcanzar: su destino
- El ancla: sus temores
- El casco: su mente
- Los percebes en el casco: sus emociones negativas

Como estratega de vida, ministra, emprendedora, líder de pensamiento y autora de libros de mayor venta, me preguntan todos los días, y con frecuencia muchas veces al día, personas de todo estilo de vida el mismo tipo de preguntas: ¿Cómo puedo realizar mis sueños y cumplir mis metas? ¿Cómo puedo ir del punto A al punto B? ¿Cómo puedo encontrar la felicidad? ¿Cómo puedo encontrar significado y propósito? ¿Cómo puedo hacer una diferencia en este mundo? Las preguntas, sin importar qué palabras utilicen, son las mismas.

Nadie tiene el propósito en la vida de sentirse insatisfecho. No obstante, la vida tiene una forma de tensionarnos hasta que el estrés es lo único que todos sentimos. Despertar, apagar la alarma, levantarse, alistarse para el trabajo, hacer los almuerzos y empacar las mochilas, llevar a los niños a la escuela, batallar con el tráfico, llegar a la oficina donde los teléfonos ya están sonando, atender reunión tras reunión hasta entumecer la mente, recoger comida para llevar camino a casa, pagar las cuentas y demás hasta caer exhaustos en la cama mucho después de las 11 p. m. Algunos días, para algunas personas, el estrés tapa todo lo demás. Cuando el estrés es lo único en lo que se puede enfocar, entonces experimentará incluso más, porque aquello en lo que nos enfocamos se expande.

En lugar de enfocarse en el estrés, enfóquese en un horizonte de posibilidades ilimitadas que se extiende delante de usted. Atrévase a dejar la bahía segura de lo familiar y hágase a la mar. Este libro ha sido escrito para asegurarle que usted tiene una manera claramente determinada de navegar la nave de su vida: visión. No sea como las masas que se rehúsan a alejarse de las bahías de la seguridad porque temen las posibles tormentas gestándose en el océano. El temor es una emoción irracional que lo paraliza y provoca que permanezca anclado en la bahía.

Al parecer, la gente compra tanta cobertura emocional en contra de los riesgos que les queda poca o nada de fuerza para perseguir sus sueños y lograr sus metas. La vida es un negocio riesgoso. He escuchado de personas que al caminar por la calle se rompieron un tobillo o que al ir en coche al trabajo experimentaron una colisión de frente, no obstante, sigo caminando por la calle y conduciendo mi coche. El famoso orador motivacional, Jim Rohn, una vez dijo ingeniosamente: "La vida es riesgosa. Déjeme decirle cuán riesgosa es: no va a salir vivo".[5] Y continúa con la broma: "Si quiere algo que lo haga atravesar todo tipo de desafíos y dificultades, tiene que tener algo allá afuera. Más allá de hoy. Más allá de la semana siguiente. Más allá del próximo mes. Más allá de este año, que lo lleve al futuro. Y entre más claro sea, más fuerte tirará de usted".[6] Recuerde, un barco que se deja en la bahía finalmente se va a corroer y a podrir a causa de los elementos corrosivos del mar. Así que quedarse quieto es tan riesgoso como lanzarse a lo profundo. Incluso en su viaje inaugural, existe el riego de encontrar una tormenta o dos, pero un barco equipado con las velas de la fe será capaz de superarlo.

Aunque usted esté al timón, Dios es finalmente el capitán de su nave y de su vida. Siendo que la determinación de su capitán definirá si la nave llega a su destino o se regresa a la bahía, usted no tiene nada de qué preocuparse. "Porque yo sé los pensamientos que tengo acerca de vosotros, dice Jehová, pensamientos de paz, y no de mal, para daros el fin que esperáis" (Jeremías 29:11). Así que eche fuera el temor y prepárese. Y cuando vengan las tormentas de la vida, Él le mostrará qué carga emocional debe ser echada por la borda para preservar su vida.

Mientras que los planes de contingencia pueden ayudarlo a vencer los obstáculos, no se recomiendan los botes salvavidas. Los botes salvavidas es lo que uno usa cuando cree que la nave se va a hundir. El mismo capitán que le mostró su destino por medio de su visión lo ayudará a capotear la tormenta cuando las aguas difíciles se levanten y los vientos soplen. Podría sentirse tentado a recurrir al esquife, pero la voluntad de Dios es segura, y no hay necesidad de abandonar la nave.

Benjamín Disraeli dijo: "Me he llevado a mí mismo, por medio de largas meditaciones, a la convicción de que un ser humano con un propósito establecido debe lograrlo, y que nada puede resistir una voluntad que pondrá en riesgo incluso su existencia para su cumplimiento".[7] Dicho sencillamente: no se rinda. Haga las correcciones de rumbo según se necesiten para que su navío llegue a su destino al tiempo señalado.

Aquí hay algo más que considerar: a medida que la nave se acerque a tierra, la niebla podría rodearla. No entre en pánico. En lugar de ello, busque el faro. Será lo que lo ayude a evitar las rocas afiladas y los arrecifes amenazantes que podrían hacer que encallara. Su faro es su luz de esperanza. La esperanza es la compañera de la fe. Siga creyendo porque estos obstáculos serán la última prueba antes de que llegue a su nueva bahía.

Como dijo el famoso Dr. Seuss: "Tienes sesos en tu cabeza. Tienes pies en tus zapatos. Puedes dirigirte a ti mismo en la dirección que escojas".[8]

Usted tiene lugares adonde ir y cosas que hacer, y yo oro porque las herramientas y estrategias ofrecidas en este libro lo ayuden a llegar allí y lograr todo lo que se proponga. La vida no es un ensayo general, así que mi oración es que usted viva todos los días de su vida al máximo sin lamentar nada en el proceso.

> Algunos se hicieron a la mar en barcos y surcaron las rutas comerciales del mundo. También observaron el poder del Señor en acción, sus impresionantes obras en los mares más profundos. Él habló, y se desataron los vientos que agitaron las olas. Los barcos fueron lanzados hacia los cielos y cayeron nuevamente a las profundidades; los marineros se acobardaron de terror. Se tambaleaban y daban tumbos como borrachos, no sabían qué más hacer. "¡Socorro, Señor!", clamaron en medio de su dificultad, y él los salvó de su aflicción. Calmó la tormenta hasta convertirla en un susurro y aquietó las olas. ¡Qué bendición fue esa quietud cuando los llevaba al puerto sanos y salvos! Que alaben al Señor por su gran amor y por las obras maravillosas que ha hecho a favor de ellos.
>
> —Salmo 107:23-32, NTV

¡Escucha el mensaje del Señor! Esto dice
el Señor: Mañana, a esta hora...
—2 REYES 7:1, NTV

PASO UNO

Construya un puente a su futuro

Los hombres salen para maravillarse por la altura de los montes y las inmensas olas del mar, el amplio cauce de los ríos, la vastedad del océano, las órbitas de las estrellas, y, no obstante, descuidan maravillarse de sí mismos.
—San Agustín

Quizá no puedas ver el camino en este momento, pero eso no significa que no esté allí.
—Nick Vujicic

CAPÍTULO UNO

¡Es su futuro, aprópiese de él!

No hay descubrimiento mayor que ver a
Dios como el autor de su destino.
—Ravi Zacharias

Porque ciertamente hay fin, y tu esperanza no será cortada.
—Proverbios 23:18

La Biblia nos da un atisbo de dos versículos a la vida
de un hombre llamado Jabes, quien se vio a sí mismo en
una manera distinta a la de los que estaban a su alrededor.
Reconoció que las limitaciones culturales y sociales estaban
restringiendo su pensamiento y le pidió a Dios que ensan-
chara su territorio.

> E invocó Jabes al Dios de Israel, diciendo: ¡Oh, si
> me dieras bendición, y ensancharas mi territorio, y
> si tu mano estuviera conmigo, y me libraras de mal,
> para que no me dañe! Y le otorgó Dios lo que pidió.
> —1 Crónicas 4:10

Consideré la palabra *territorio* y la pensé como una metáfora de fronteras psicológicas y limitaciones autoimpuestas
que nos restringen de pensar en grande y esperar más de
lo que percibimos que es posible con base en nuestra visión
del mundo y las realidades de nuestra vida personal. Más

aún, al buscar una aplicación práctica para este versículo,
consideré cuántas personas son restringidas de avanzar en
la vida a causa de pensar en pequeño o que están atoradas
en una estación particular de la vida a causa de circunstancias más allá de su control. La gente que está batallando
por tener una oportunidad en la vida o que enfrentan momentos desalentadores o desesperados necesitan que Dios
ensanche divinamente su capacidad intelectual para pensar
más allá de sus limitaciones. Creo que la oración de Jabes
era una petición a Dios para que lo ayudara a pensar en una
manera distinta —fuera de la caja proverbial— para que pudiera vivir una vida bendecida. Y eso fue exactamente lo que
hizo Dios.

La pregunta inevitable es: ¿cómo ensancha Dios la
capacidad intelectual de uno? La respuesta es por medio del
poder transformador de la visión.

Dios no le da visiones poderosas a la gente con base en su
preparación académica, pedigrí, estilo de liderazgo o tipo de
personalidad. Las visiones son dadas a las personas que las
capturan y creen que lo que perciben es posible. Finalmente,
es Dios quien pone una visión en su corazón, al igual que
sus deseos divinos (Números 12:6; Salmo 37:4).

Dios siempre está hablando, pero ¿está usted captando
sus pensamientos? ¿Es lo suficientemente disciplinado para
escuchar lo que le está comunicando? Así como orar, ayunar,
estudiar la Biblia y adorar nos mantienen sintonizados con
la voz de Dios, procurar una visión para su vida es una
disciplina espiritual que lo mantiene sincronizado con la
voluntad de Dios para su vida.

¿Alguna vez ha considerado que sus pensamientos e
ideas son entidades espirituales; y que el plano espiritual

es de hecho el plano causal? Déjeme aclarar lo que quiero decir: cuando hablo de cosas que son espirituales, me estoy refiriendo a lo que no es material, que es incorpóreo, intangible, conceptual y trascendente. Por ejemplo, las virtudes como el amor, la paz, el respeto, el honor y el perdón no son visibles para el ojo natural, no obstante, existen y pueden ser tan sanadoras como la medicina o tan liberadoras como una bocanada de aire fresco. En la misma manera, una visión que usted pueda ver con sus ojos espirituales puede ser tan poderosa como lo que usted ve con sus ojos naturales.

Una visión es un avance mental divino de las atracciones por venir. Es lo que usted puede ver hoy como la potencialidad de su mañana. Personalmente, me encanta ir al cine. Aunque usted no lo crea, lo que hace que ir al cine sea emocionante para mí no es solo la expectativa de la película principal, sino de las que están por estrenarse, los avances podrían emocionarme más que la película en sí. Planeo mi itinerario cinéfilo con base en estos avances porque no solo son imágenes de lo que *podría* ser, sino de lo que *será*. No son producto de la imaginación de alguien, sino anuncios de lo que puedo esperar ver en una fecha futura. Esto me permite anticiparme y prepararme para lo que planeo ver.

Así como los avances de una película acicatean su interés y provocan su entusiasmo, una visión es el recurso de Dios para estimular dones, habilidades y talentos latentes para que usted pueda esperar y prepararse para su cumplimiento. Así como los expertos en mercadotecnia elaboran imágenes y eslóganes centelleantes para llamar su atención, Dios despertará sus sentidos y estimulará su espíritu por medio de detalles ilustrativos que describen vívidamente cómo Él ve la manera en que se desarrollará su futuro. Por medio del uso de imaginería y palabras que generan emoción y pasión, su visión podría ser tan dinámica que todos los que la escuchen serán inspirados ya sea para involucrarse o perseguir su propia visión.

LEVÁNTESE PARA CONOCER EL FUTURO

El inventor estadounidense Charles Kettering era un hombre adelantado a su época. Tenía más de 140 patentes, e inventó, o fue clave en el desarrollo de, el refrigerante de la nevera, la marcha eléctrica de autoencendido, la pintura de secado rápido, una incubadora para bebés prematuros, el motor a diésel de la locomotora, la gasolina de alto octanaje y un torpedo aéreo. En 1927 estableció la Fundación Kettering que todavía publica su ampliamente leída revista de liderazgo, *Kettering Review*, y apareció en la cubierta de la revista *Time* en 1933.

Kettering tuvo un activo interés en el futuro. Es comúnmente citado como diciendo: "Mi interés está en el futuro porque voy a pasar el resto de mi vida allí".[1] No esperó a que el futuro viniera a él; se extendió y se asió de él por medio de la visión.

Charles Kettering entendió el valor de las ideas. No tenía miedo de pensar más allá de "la caja", ni dudó de sus capacidades. Lo que fuera que necesitara saber, utilizaba sus recursos intelectuales para procurarlo. Tenía confianza en que, con suficiente información y experiencia, podría resolver cualquier problema que se le presentara; y a inicios del siglo veinte, había muchos de ellos que resolver.

A medida que continuamos con nuestra marcha hacia

las profundidades del siglo veintiuno, los problemas que necesitan solución todavía abundan. Podemos decidir esperar que alguien más los resuelva o abordarlos como Kettering, como oportunidades excelentes para maximizar nuestro potencial. Vio más allá del problema y vio lo que era posible. ¿Usted solo ve el problema, o ve lo que es posible? Para muchos, esta pregunta provoca ansiedad porque carecen de confianza en sus habilidades de contribuir con los esfuerzos de resolución de problemas. Pero como un contemporáneo de Kettering, Henry Ford, es citado con frecuencia diciendo: "Sea que usted crea que puede hacer algo o no: tiene razón".[2]

El mundo necesita personas que piensen que pueden: los que tienen una mentalidad de con-Dios-todas-las-cosas-son-posibles. Pídale a Dios que le dé una mentalidad de posibilidades, una curiosidad insaciable de descubrir lo que está detrás de la manera en que son las cosas o que siempre han sido, y la envestidura de poder divino para encontrar soluciones, satisfacer necesidades y abordar problemas. Quiero alentarlo hoy a dar un paso en fe y convertirse en el tipo de persona que se asga del futuro.

Al examinar las Escrituras, he descubierto que usted puede de hecho profetizar grandeza, éxito y progreso en su futuro. Usted puede provocar su futuro y hacer que se conforme al plan y propósito originales de Dios, por medio de utilizar la visión y la sabiduría que vienen de Dios (Santiago 1:5). Vea lo que le sucedió a toda una ciudad cuando Eliseo profetizó su futuro.

> Dijo entonces Eliseo: Oíd palabra de Jehová: Así dijo Jehová: Mañana a estas horas valdrá el seah de flor de harina un siclo, y dos seahs de cebada un siclo, a la puerta de Samaria. Y un príncipe sobre cuyo brazo el

rey se apoyaba, respondió al varón de Dios, y dijo: Si
Jehová hiciese ahora ventanas en el cielo, ¿sería esto
así? Y él dijo: He aquí tú lo verás con tus ojos, mas
no comerás de ello [...]

Entonces el pueblo salió, y saqueó el campamento
de los sirios. Y fue vendido un seah de flor de
harina por un siclo, y dos seahs de cebada por un
siclo, conforme a la palabra de Jehová. Y el rey puso
a la puerta a aquel príncipe sobre cuyo brazo él se
apoyaba; y lo atropelló el pueblo a la entrada, y murió,
conforme a lo que había dicho el varón de Dios,
cuando el rey descendió a él.

Acontećió, pues, de la manera que el varón de Dios
había hablado al rey, diciendo: Dos seahs de cebada
por un siclo, y el seah de flor de harina será vendido
por un siclo mañana a estas horas, a la puerta de
Samaria. A lo cual aquel príncipe había respondido
al varón de Dios, diciendo: Si Jehová hiciese ventanas
en el cielo, ¿pudiera suceder esto? Y él dijo: He aquí
tú lo verás con tus ojos, mas no comerás de ello. Y le
sucedió así; porque el pueblo le atropelló a la entrada,
y murió.

—2 Reyes 7:1-2, 16-20

Quiero ayudarlo a ver con nuevos ojos las oportunidades
inexploradas en el horizonte, los mares todavía por detallar
en un mapa y nuevas fronteras sociales, culturales, espirituales y geopolíticas que conquistar, así como avances que
están esperando ser descubiertos. Quiero desafiarlo a volverse un visionario para esta generación: que vea las oportunidades que yacen dormidas en cada problema y traer
ideas innovadoras y soluciones a la mesa con el potencial
de impactar en una manera positiva a las comunidades al

mismo tiempo de cambiar la trayectoria de la humanidad en el proceso.

LA MANERA EN QUE USTED VE SU FUTURO COMIENZA CON CÓMO SE VE A USTED MISMO

Las posibilidades que usted pueda ver dependen de la forma en que usted se vea a sí mismo en el futuro. Que Dios lo ayude a ver su vida desde su perspectiva divina (Jeremías 29:11). Cuán lejos puede usted ver en su futuro dependerá de su disposición para disciplinar su mente y su espíritu mediante la oración y la meditación en la Palabra de Dios. Dios le revelará cómo se desarrollará su potencial de acuerdo con sus planes divinos y su propósito para su vida. Usted verá que sus dones y habilidades encontrarán expresión en el gran escenario de la vida y se sincronizarán con el plan de Dios para la humanidad. ¡Imagine las posibilidades!

Usted me escuchará con frecuencia citar: "Sus pies nunca lo llevarán a donde su mente nunca ha estado". Estas palabras se me han quedado pegadas desde hace mucho tiempo. Son la razón por la que quiero que usted se vea haciendo cosas extraordinarias —creando, asesorando, dirigiendo, escribiendo, predicando, enseñando, descubriendo o construyendo— como si fuera una realidad. Permita que Dios pinte sus planes en el lienzo de su mente. Pase tiempo a solas con Él y pídale que le muestra las grandes cosas que ha preparado para que usted las haga y las logre (1 Corintios 2:9-10). Permita que su fe, no sus temores, lo motiven. Confíe en Dios para envestirlo con el poder de la sabiduría para hacer su visión una realidad. Este principio es tan esencial para vivir una vida exitosa y victoriosa que ha sido la columna vertebral de mucho de lo que enseño. Es

el principio fundamental de este libro, junto con el versículo
bíblico que se le asemeja: "Donde no hay visión, el pueblo
se desenfrena" (Prov. 29:18, NBLH).

La visión es simplemente cuestión de la manera en que
usted se ve en el futuro. Es adquirir una perspectiva fresca
de su vida desde el punto de vista privilegiado de Dios. Así
como cuando usted va al cine, una visión es el anuncio
divino de lo que usted verá "próximamente".

*Sus pies nunca lo llevarán a donde
su mente nunca ha estado.*

La manera en que usted ve el futuro está supeditada a lo
que usted cree que es posible para usted y su familia, su comunidad y su nación; está supeditado a lo que usted cree con
respecto a su potencial para hacer que algo suceda. ¿Qué es
lo que usted cree con respecto a su potencial para vivir la
vida que se ha imaginado? Quiero alentarlo diciéndole que
Dios no juega con nuestra mente. Él nunca le va a dar el
deseo de hacer algo sin darle el poder para hacerlo. "Delé-
tate asimismo en Jehová, y él te concederá las peticiones de
tu corazón. Encomienda a Jehová tu camino, y confía en él;
y él hará" (Salmo 37:4-5). Él nunca le dará una visión sin
proveer los recursos para hacerla realidad. "Si puedes creer,
al que cree todo le es posible" (Marcos 9:23).

La visión no es algo que uno conjura en su propia
imaginación, sino a través de considerar en oración
discernir la voluntad de Dios para su vida (Job 32:8). Su
visión debe alinearse con la Palabra de Dios y ser una
manera en que usted pueda cumplir su parte en la Gran
Comisión: "Por tanto, id, y haced discípulos a todas las

naciones, bautizándolos en el nombre del Padre, y del Hijo, y del Espíritu Santo; enseñándoles que guarden todas las cosas que os he mandado…" (Mateo 28:19-20). Una vez que usted tenga su visión, entonces puede disciplinarse para escribirla y ponerle pies a lo que ha escrito.

SU ENFOQUE DETERMINA SU FUTURO

¿Cuáles son los lentes por los que usted ve los desafíos y posibilidades? ¿Los ve como algo que otras personas están más predeterminadas en una manera innata a vencer o aprovechar? ¿Está más enfocado en limitaciones potenciales o éxitos potenciales: los riesgos probables o las prometedoras recompensas?

Su enfoque está sujeto a su mentalidad y a su paradigma de éxito: la manera en la que usted establece sus marcos mentales y su modelo mental. Lo que usted cree que es verdad con respecto a una situación, su país y este mundo es lo que es probable que usted experimente. Y lo que crea acerca de sus circunstancias es principalmente determinado por lo que usted cree que es cierto acerca de usted mismo. Su sistema de creencias tiñe sus expectativas con la brillantez de su matiz y le informa de lo que usted es digno de recibir, lograr, generar o ganar, aprender y ser. "Su oportunidad de éxito en cualquier empresa —escribe el autor Robert Collier—, siempre puede ser medido por lo que usted cree de sí mismo".[3]

La visión le da la habilidad de ver con nuevos ojos sin contaminación. Posiblemente el más grande —o por lo menos más renombrado— artista, arquitecto e ingeniero que ha vivido, Leonardo da Vinci, atribuyó su éxito a saber cómo ver. *Saper vedere*, latín para "saber cómo ver", era su lema personal. Desarrolló bien el arte de ver antes de pintar obras maestras como *La última cena* o *Mona Lisa*; o concebir innovaciones como el helicóptero, el paracaídas y el equipo para bucear.

Da Vinci era un hombre de visión. Era el visionario por excelencia, y fue una figura clave durante el Renacimiento, junto con otros incluyendo a Miguel Ángel. Lo que los destacó fue su habilidad para ver en una manera distinta: ver a David o a la Madonna escondida en un bloque de piedra; ver el cielo y diseñar maneras de alcanzarlo; o ver un cielo raso en blanco y visualizar la Capilla Sixtina. Su habilidad para ver más allá de los confines de la roca o incluso la gravedad trascendía la razón natural; podría ser casi considerado una visión sobrenatural.

La palabra *visión* viene del francés antiguo *vision* que significa: "presencia, vista; mirada, apariencia; sueño, vista sobrenatural". La palabra francesa proviene del latín *visionem* que significa: "el acto de ver, vista, cosa vista". En el tiempo de Leonardo da Vinci y Miguel Ángel era una palabra utilizada para describir "algo visto en la imaginación o en lo sobrenatural".[4] Podríamos considerarlo como si alguien encendiera una luz en una habitación oscura exponiendo todo lo que esa habitación contiene.

Algunas veces esa oscuridad puede ser lo que nos ciega a nuestro propio potencial personal. Algunas veces simplemente debemos hablarle a esa oscuridad y declarar: "¡Sea la luz!". Necesitamos conectarnos con Cristo dentro de nosotros. Él es la luz de nuestras almas (Juan 1:4); nosotros somos creados a su imagen (Génesis 1:27); y por medio de Él nos estamos volviendo más y más como Él: la luz del mundo (2 Corintios 3:18; Juan 8:12).

> Cuando Dios creó el mundo, dijo: "Que brille la luz donde ahora hay oscuridad". Y cuando nos permitió entender la buena noticia, también iluminó nuestro entendimiento, para que por medio de Cristo conociéramos su grandeza.
>
> —2 Corintios 4:6, TLA

Los de nosotros que creemos que Jesucristo es en realidad la vida y la luz de los hombres deberíamos estar tomando el liderazgo en iluminar las soluciones todavía invisibles necesarias en un mundo cada vez más oscuro. En esta era, usted y yo somos llamados a ser la luz que resplandece en las tinieblas (Isaías 60:2; Mateo 5:14). Saber quién es usted y quién ha sido llamado a convertirse en Cristo es el primer paso en aprender cómo verse a sí mismo y lo que verdaderamente es capaz de hacer. Jesús prometió: "Yo soy la Luz del mundo. El que me sigue no andará tropezando en la oscuridad, porque la Luz de la vida le iluminará el camino" (Juan 8:12, LBD).

La luz que hemos recibido de parte de Dios es iluminación sobrenatural de las posibilidades futuras. Cuando pienso en la palabra *iluminación*, pienso en las gafas y binoculares de visión nocturna que utilizan los soldados para ver en la oscuridad. ¡Igualmente, usted ha sido equipado como un soldado del cielo (2 Timoteo 2:3-4) con visión nocturna sobrenatural! Fue Dios quien dijo: "Porque Dios, que ordenó que la luz resplandeciera en las tinieblas, hizo brillar su luz en nuestro corazón para que conociéramos la gloria de Dios que resplandece en el rostro de Cristo" (2 Corintios 4:6, NVI). Deberíamos poder ver donde otros no. Deberíamos estar viendo la forma hermosa oculta en lo que parece roca impenetrable o estructuras que desafían la gravedad que todavía están por emprender el vuelo. Deberíamos estar hablando vida y luz a lo que parecen lugares muertos y oscuros.

LA NUEVA TIERRA LEJANA Y DISTANTE

A medida que se haga a la mar hacia los mañanas de su futuro, debe saber en qué tipo de nave se encuentra (Romanos 9:21). Porque es en esta revelación que usted puede penetrar la oscuridad de su potencial para ver el asombroso tesoro que yace debajo (2 Corintios 4:7). La Biblia nos dice que "el principio de la sabiduría es el temor de Jehová" (Salmo 111:10; Proverbios 9:10). Pero también hay sabiduría en conocer y entenderse a uno mismo. El antiguo aforismo griego "Conózcase a sí mismo" fue la base para la afirmación de Sócrates que dice que "la vida carente de evaluación no vale la pena vivirse". Platón, el estudiante de Sócrates enseñó que la esencia del conocimiento es el autoconocimiento.

Saber quién es uno, porque está aquí, lo que vale, lo que cree y lo que representa no es solamente poderosamente informativo, sino también empoderador. Estar cimentado en el conocimiento de quién es uno como individuo único es la manera de madurar espiritualmente. Uno debe conocer íntimamente sus dones y llamados para convertirse en un miembro eficaz y plenamente funcional del cuerpo de Cristo (Romanos 12:3-8). Ser honesto con uno mismo —vivir y hablar su verdad con base en la verdad de Dios— es un acto de integridad. Como dijo Polonio en *Hamlet* de Shakespeare: "Esto, sobre todo: contigo mismo sé honesto; y deberá seguir, como la noche sigue al día, que no podrás ser entonces falso con ningún hombre".[5]

Conviértase en el Cristóbal Colón de su propio destino.

Si usted va a alcanzar esa nueva tierra lejana y distante de su destino inspirado por sus sueños, primero y, sobre todo, usted debe convertirse en una *nave apta para navegar en el mar*. Y con el fin de volverse apto para la navegación marina, debe saber qué tipo de nave creó Dios en usted: sea un clíper, una fragata, un galeón, una goleta o un yate. Saber qué tipo de nave creó Dios en usted lo facultará para navegar mejor los mares que tiene por delante. Hay varias herramientas que puede utilizar para obtener una mayor comprensión de sí mismo. Los perfiles de comportamiento como DiSC pueden ser extraordinariamente útiles para ampliar el conocimiento que tiene de sí mismo, al igual que el Instrumento de Evaluación de Valores Personales de Barrett.

Aunque es muy probable que usted tenga una percepción general de sus mayores fortalezas y debilidades, e incluso quizá algunas oportunidades y amenazas potenciales, lo animaría a ver de cerca aquello de lo que quizá no había estado al tanto antes. Eche una mirada debajo del casco: ¡su mente! ¿Alguna vez ha visto un barco en la orilla levantado del piso y montado sobre grandes bloques de hormigón? Hay momentos en los que es benéfico ponerse en un muelle seco, por llamarlo así. Tómese el tiempo de examinar en oración las cosas asombrosas que Dios está tratando de revelarle acerca de su futuro. Examine su fe. Como Abraham, ¿está usted plenamente convencido de que Dios es también poderoso para hacer todo lo que le ha prometido (Romanos 4:21)? ¿Cree que Dios es capaz de proveer los recursos para lograr cada visión que le ha dado? Solamente dando una mirada franca a lo que está pasando debajo de la superficie de su vida espiritual usted puede remover los percebes de incredulidad, duda y otras emociones negativas que se

adhieren a la parte inferior de su alma. Entonces avanzará
más lejos y más rápido, libre de lo que podrían haber sido
enredos negativos invisibles.[6]

Cuando hablamos del poder transformador de la visión, en
su mayor parte estamos hablando de un estado mental: "la
habilidad de pensar o planear el futuro con imaginación".[7]
En los capítulos que vienen, exploraremos cómo aprovechar
el poder de la imaginación eficazmente. Su imaginación y sus
pensamientos son vitales para virar hacia el cumplimiento
de sus sueños. Si alguna vez me ha visto hablar, me habrá
escuchado decir: "Usted siempre está a una decisión de
distancia de vivir la vida de sus sueños". Su vida hoy es la
suma total de cada decisión que ha tomado. Debe ir en pos
de la visión que Dios le ha dado. Usted debe escoger hacer
lo que lo ha llamado a hacer con el fin de ser quién lo ha
llamado a ser. Usted debe escoger enfocarse en el futuro que
le prometió. Cada pensamiento que escoja entretener afecta
el curso de su destino. "Usted crea su futuro por medio de
visualizarlo", dijo Jack Canfield.[8] ¿Puede imaginarse lo
grande que será su futuro una vez que su vida esté en sintonía
con el plan de Dios?

Usted tiene una carrera que correr y un futuro brillante
delante de usted (Hebreos 12:1; Apocalipsis 21). Se le ha
dado todo lo que necesita para lograr lo que Dios lo ha
llamado a hacer (2 Pedro 1:3). Usted tiene la mente de Cristo
(1 Corintios 2:16); el favor de Dios (Proverbios 8:35); dones
espirituales, talentos y habilidades (1 Corintios 12:4-11); y la
sabiduría del cielo disponible si la pedimos (Santiago 1:5).
¿Qué va a hacer con lo que se le ha dado?

EXPLORE UNA NUEVA FRONTERA

Hay un nuevo mundo que está esperando a los que estén dispuestos a descubrirlo. Siempre he sido inspirada por las palabras del canciller de la Universidad de Kansas, E. H. Lindley, quien a principios del siglo veinte alentaba a los estudiantes a "desarrollar el espíritu de los antiguos pioneros que no tenían miedo de problemas nuevos",[9] y James E. Faust, quien exhortaba a sus oyentes a "convertirse en pioneros del futuro con todas sus emocionantes oportunidades".[10]

Esto requiere fe, y la fe puede ser un negocio riesgoso. El mundo fue construido por personas que no tenían temor de tomar riesgos. Eran los pioneros que no tenían temor de los campos abiertos, los científicos que no temían ser ridiculizados, los líderes de pensamiento que no le tenían miedo al progreso, los políticos que no tenían temor de desafiar el *statu quo*, los teólogos que no tenían miedo de ser llamados herejes, los esclavos que no tuvieron temor de morir, los jóvenes que no tenían miedo de preguntar "¿por qué?" o "¿por qué no?" y los soñadores que no tenían temor de actuar.

Si va a dejar las bahías de lo familiar con el fin de navegar los grandes océanos del éxito (Salmo 107:23-24), tomará cierto grado de riesgo. Si va a cumplir sus sueños y hacer algo grande, procurar un título, convertirse en autor de mayor venta, construir una casa-hogar para niños en un país del tercer mundo, comenzar una iglesia, abrir un centro para crisis de embarazo o establecer una fundación dedicada a educar a los niños menos afortunados, debe aceptar el hecho de que hay cierto grado de riesgo involucrado. "¿Y si fracaso?", quizá pregunte. "¿Y si tiene éxito?", ¡es mi respuesta!

Esta es la diferencia entre los que toman riesgos y los que juegan a la segura; los que juegan a la segura operan a partir de la vista, y los que toman riesgos operan a partir de la visión. En su celebrado discurso "La vida ardua", Theodore Roosevelt fue famoso por afirmar:

> Es mucho mejor atreverse a cosas poderosas, para ganar triunfos gloriosos, a pesar de quedar salpicado por el fracaso, que unirse a las filas de esos pobres espíritus que ni disfrutan mucho ni sufren mucho porque viven en la penumbra que no conoce la victoria ni la derrota.[11]

Muchas personas tienen un "quiero" en su espíritu, pero permiten que el temor los inmovilice hasta que se disuelve en un "no puedo" o en un "tengo miedo". Atrévase a cambiar el "quiero" en "debo" y el "no puedo" en "con la ayuda de Dios, podré" (vea 2 Timoteo 1:7). Este tipo de actitud requiere valentía. Significa que se tiene que mover más allá de las limitaciones autoimpuestas y las excusas. El general Matthew B. Ridgway dijo:

> Hay dos tipos de valentía, la física y la moral, y quien quiera ser un verdadero líder debe tener ambas. Ambas son el producto de un proceso de formación del carácter, del desarrollo del dominio propio, autodisciplina, resistencia física, de conocer el trabajo de uno mismo y, por lo tanto, de confianza. Estas cualidades minimizan el temor, maximizan el sano juicio bajo presión y —con un poco de esa cosa indispensable llamada suerte— con frecuencia traen éxito a situaciones al parecer sin esperanza.[12]

Si usted fuera a analizar en una manera crítica todo lo que hace diariamente, desde conducir su coche a volar en un avión pasando por pasear a su perro, cada una involucra cierto grado de riesgo. Al cambiar sus pensamientos con respecto a hacer lo que realmente quiere sin importar el riesgo percibido, usted pone una poderosa intención en movimiento. Se crece al desafío de liberarse de las creencias que lo limitan y los patrones de hábitos que lo mantienen atorado. Al escoger cambiar su creencia acerca de su derecho de progresar y prosperar, usted se da permiso de tener éxito. Al deshacerse de hábitos destructivos que minan su potencial, usted es capaz de adquirir nuevos hábitos que fomentan nuevos comportamientos, actitudes y creencias. Al crear una zona libre de excusas en su mente, usted reunirá el coraje para ir en pos de la vida de sus sueños.

Robert Schuller, uno de los pastores luminaria del siglo XXI de los Estados Unidos, preguntó: "¿Qué metas se estaría poniendo a sí mismo si supiera que no puede fallar?".[13] La mayoría de la gente desperdicia su tiempo enfocándose en el potencial de fracaso. No obstante, aunque el fracaso es posible, tenga en mente que el fracaso es simplemente la cuota escolar que paga por su futuro éxito. Una pregunta similar que se podría hacer es: "¿Qué haría si solamente me quedaran algunos meses de vida?".

Estas preguntas deberían estimular su fe e inspirarlo a saltar hacia su futuro. Dar esos saltos es el punto de partida de la grandeza personal. John Mason dijo:

> Si nunca toma riesgos, nunca logrará grandes cosas.
> Todos mueren, pero no todos han vivido.[14]

El potencial es todo lo que usted puede ser, pero que todavía no ha llegado a ser, todo lo que puede hacer, pero que todavía no ha hecho, lo lejos que puede llegar, pero que todavía no ha probado. La visión es el catalizador que enciende su potencial.

Atrévase a mirar dentro para ver su verdadero potencial, entonces cambie su enfoque de lo que hay dentro a las posibilidades que están directamente frente a usted, luego a lo que está a meses y años en el camino. Que toda tapa y limitación salgan volando de su vida. No se limite a lo que piensa que es posible. Prosiga más allá de sus limitaciones actuales y alcance más alto. La gente suele sobrestimar lo que puede hacer en un año, pero subestima lo que puede hacer en cinco. No se subestime. Vea a futuro. Diríjase a la nueva tierra lejana y distante por medio de ser el primero en explorar su propia nueva frontera.

> El hombre es el maestro del pensamiento, el moldeador del carácter y el hacedor y artífice de la condición, ambiente y destino. Como un ser de poder, inteligencia y amor… el hombre tiene la clave para cada situación, y contiene dentro de sí esa agencia transformadora y regeneradora mediante la cual podría hacer de sí mismo lo que desee.
>
> —James Allen

> Usted controla su futuro, su destino. En lo que usted piensa sucede. Al registrar sus sueños y metas en papel, pone en movimiento el proceso de convertirse en la persona que más quiere ser. Ponga su futuro en buenas manos: las suyas propias.
>
> —Mark Victor Hansen

CAPÍTULO DOS

Deje atrás lo ordinario

Pero una cosa hago: olvidando ciertamente lo
que queda atrás, y extendiéndome a lo que está
delante, prosigo a la meta, al premio del supremo llamamiento de Dios en Cristo Jesús.
—Filipenses 3:13-14

Algunas veces todo lo que se necesita es
un cambio sutil de perspectiva, una apertura de la mente, una pausa y reinicio intencionales, o una nueva ruta para comenzar a
ver nuevas opciones y nuevas posibilidades.
—Kristin Armstrong

El viaje de mil millas no solo comienza con el primer
paso, comienza con el primer paso de fe. La fe lo lleva
a aguas desconocidas de grandeza (Salmo 107:24). La jornada de la vida requiere navegar esas aguas. Si usted cree
que la grandeza no es para usted, piense de nuevo. Usted
sirve a un gran Dios que tiene grandes planes para su vida.
Lo que sea que usted esté pensando en hacer, ser o adquirir,
¡piense más grande! Rehúsese a conformarse con una mentalidad de "esto es suficientemente bueno", porque una vez
que lo haga vivirá una vida promedio y mediocre carente
de lustre.

Aquí estoy para decirle que la mediocridad no está en

sus genes (2 Pedro 1:4). ¡Tiene grandeza en su ADN! En 1 Juan 4:4 dice: "Hijitos, vosotros sois de Dios [...] mayor es el que está en vosotros, que el que está en el mundo". Las palabras operativas aquí son *de Dios*, que quiere decir que usted proviene de Dios. ¡Usted nació para ser grande! ¡Fue hecho para grandeza! Lo opuesto a la grandeza no es solo pequeñez e insignificancia, sino también promedio y mediocridad. Cuando uno se conforma con vivir una vida de mediocridad, es porque se rehúsa a creer en su grandeza, no cree que merezca algo mejor o se ha rehusado a desafiarse a sí mismo para alcanzar más allá del umbral de lo que es cómodo y familiar. Se trata de fallar en escoger lo mejor que Dios tiene para usted, y en lugar de ello escoger vivir entre el desorden de lo común, no queriendo destacar por el temor a ser juzgado mal, mal entendido o rechazado.

Es una vergüenza que algunas personas hayan confundido ser promedio con ser humildes como la mejor voluntad de Dios para la humanidad. Pero este es un engaño trágico. Una mentalidad que da pie a la mediocridad falla en reconocer que Dios creó a los seres humanos a su imagen como representantes de su excelencia y gloria (Isaías 43:7). La mayoría de la gente no abraza la plenitud de su potencial por miedo a ser considerada arrogante. A menudo la gente es llamada arrogante cuando se rehúsa a inclinarse a bajas expectativas o tienen una gran visión para mejorarse a sí misma y al mundo a su alrededor. Para reiterar, usted sirve a un Dios excelente que lo creó para mucho más cuando lo hizo a su imagen y a su semejanza. ¡Por lo tanto, la grandeza corre por sus genes! La grandeza no se trata de ser mejor que otro, sino ser la mejor versión de usted mismo.

Cuando usted exhibe su grandeza glorifica a Dios como la

luz y la *sal* de la tierra (Mateo 5:13-16). Tener una mentalidad promedio es resignarse usted mismo a una vida de potencial no alcanzado y no cumplido, haciéndole trampa al mundo por las cosas que Dios ha colocado en usted para el bien de la humanidad. Usted no es una persona de bajo rendimiento; es un vencedor (Apocalipsis 12:11). Incluso si se va a sí mismo como un éxito, siempre es capaz de alcanzar más alto, y de lograr más en Cristo. Su potencial en el Reino es ilimitado. En lo que sea que se enfoque y que verdaderamente desee, sea una visión, un sueño o una meta, con la ayuda de Dios lo puede lograr (Filipenses 4:13). Deshágase de su mentalidad promedio. Una mentalidad promedio es destructiva porque nunca lo desafiará a expandir su horizonte, pensar fuera de la caja, o salir de un estado mental de "no hacer olas". El *statu quo* es popular porque no requiere disciplina, ni requiere que usted crezca espiritualmente a medida que progrese y prospere.

La visión lo lleva a un plano espiritual más alto de crecimiento y desarrollo. El crecimiento espiritual lo llevará a planos más arriba y más allá de lo que su mente natural se puede imaginar. La visión lo llama más alto. Su ascensión a planos más altos de poder, influencia y afluencia requiere que se aleje de los asesinos de la visión que no creen en su grandeza. Requiere que usted opere en el plano de la valentía donde usted abraza todo lo que Dios quiere que usted sea (vea Josué 1:6-9). Si la vida fuera un juego, requeriría que usted dejara la banca y entrara a la cancha. Requeriría que tuviera posesión de la pelota y corriera con ella. Así que entre al juego. Deshágase de sus ilusiones. Póngales pies a sus sueños. Leve anclas y hágase a la mar. ¡Su futuro está lleno de oportunidades ilimitadas, así que vaya por él!

*La grandeza no se trata de ser mejor que otro,
sino de ser la mejor versión de usted mismo.*

LA VIDA LE DARÁ LO QUE DESEE

En la historia de Lot hay un versículo donde los ángeles
están instando a Lot a que deje Sodoma y Gomorra. A
partir de él he aprendido que la vida le dará lo que desee:

> —Está bien —dijo el ángel—, concederé tu petición.
> No destruiré la pequeña aldea. ¡Pero apresúrate!
> Escapa a la aldea, porque no puedo hacer nada hasta
> que llegues allí. (Esto explica por qué aquella aldea
> se conocía como Zoar, que significa "lugar pequeño").
> —GÉNESIS 19:21-22, NTV

La traducción de la palabra *Zoar* literalmente significa
insignificante o pequeñez.[1] ¿Por qué alguien querría vivir
en Zoar cuando Dios tenía algo más grande para ellos? (vea
Juan 14:2-3). ¿Por qué alguien pediría moverse en la dirección de la insignificancia cuando Dios promete cumplir los
deseos de su corazón (Salmo 37:4), sin mencionar que puede
hacer mucho más abundantemente de lo que podían soñar o
imaginar (Efesios 3:20)?

Muchas personas piensan que no tienen opciones en la
vida. Han sido entrenadas para pensar en pequeño. Pero
este es un estado que aceptamos como resultado de lo que
yo llamo una "seducción satánica" que tiene a las personas
caminando por ahí en un estupor espiritual inconsciente de
la magnífica vida que Jesús nos ofrece a todos.

> El ladrón no viene sino para hurtar y matar y des-
> truir; yo he venido para que tengan vida, y para que
> la tengan en abundancia.
>
> —Juan 10:10

Vivir con carencia no es el deseo de Dios para su vida. Eso es lo que desea el enemigo de su alma: él desea que usted sea engañado en creer que tiene que aceptar las sobras y la caridad. Pero ese no es el caso. Usted nació para grandeza no para mendigar; para prosperidad, no para pobreza. Cuando usted lo crea y lo reciba, con el tiempo se convertirá en ello. ¡Así que créalo! ¡Recíbalo! ¡Atrévase a convertirse en ello!

Dios nunca tuvo la intención de que usted aceptara la pequeñez y la insignificancia como un estilo de vida. No lo creó para que viviera pensando en pequeño. Él quiere que usted piense en grande, espere cosas grandes, desee cosas grandes y viva en grande en su grandeza. Por eso la visión es tan importante. Lo ayuda a deshacerse de su mentalidad pequeña. Usted debería querer más para sí, para su familia, para su negocio, para su vecindario y para su país. ¿Qué es lo que usted realmente quiere para usted mismo y sus seres queridos? Es Dios quien no solamente le da el deseo de desear, sino que pone *sus* deseos en su corazón. Los deseos que usted tiene tuvieron primero un autor, y luego le fueron dados a usted, por Él (Salmo 37:4).

Desear cualquier cosa menos que lo que Dios desea para usted es una farsa. Dios nunca lo decepcionará. Usted puede confiar en que le cumplirá (Proverbios 13:12; Hebreos 11:6). Escuche la promesa de Dios:

Por tanto, os digo que todo lo que pidiereis orando,
creed que lo recibiréis, y os vendrá.

—MARCOS 11:24

"DETERMITUD"

Dejar la vida ordinaria detrás por una vida de grandeza
requiere perseverancia y fuerza mental. Requiere una actitud
determinada y valiente: lo que yo llamo "determitud". Usted
solamente es tan fuerte como su fe, valentía, convicciones y
determinación para hacer el siguiente movimiento y tomar el
siguiente paso a pesar de los topetazos, giros y colisiones. No
importa lo desafiante de la situación, lo oscuro de los días o lo
sombrío de las horas, usted siempre puede hacer la vida mejor
en el momento en que reconoce que Dios está trabajando
en los escombros. No importa si usted vuela, corre, camina,
gatea o se arrastra, mientras siga avanzando lentamente. Con
el tiempo colisionará con sus mejores días que lo estarán
esperando justo más allá de la zona de incomodidad y
decepción.

El llamado de Abraham fue un llamado a la grandeza,
pero requirió que dejara la familiaridad de su ambiente, su
constelación de relaciones y su fuente de recursos.

Pero Jehová había dicho a Abram: Vete de tu tierra
y de tu parentela, y de la casa de tu padre, a la tierra
que te mostraré. Y haré de ti una nación grande, y te
bendeciré, y engrandeceré tu nombre, y serás bendición. Bendeciré a los que te bendijeren, y a los que te
maldijeren maldeciré; y serán benditas en ti todas las
familias de la tierra. Y se fue Abram, como Jehová le

dijo; y Lot fue con él. Y era Abram de edad de setenta y cinco años cuando salió de Harán.

—Génesis 12:1-4

Dios le dijo a Abraham que dejara lo familiar y que
explorara algo nuevo. Tenemos nuevos territorios esperando
a ser descubiertos. Hay un mar de oportunidades en cada
campo, industria, sistema y disciplina que se extiende
delante de nosotros. Dios nos está instando a que andemos
en nuevos planos de fe y que experimentemos el señorío
como lo planeó originalmente. Para citar a Napoleon
Hill: "Nunca ha existido un tiempo más favorable para los
pioneros que el presente".[2]

Es fácil ver lo negativo: pecado, pobreza, corrupción,
gobiernos despóticos, violencia de pandillas, trata de
blancas, tráfico de drogas, descontento político, terrorismo,
calentamiento global, recesión global, desempleo, subempleo
y cosas semejantes. Vivimos en lo que la milicia ha llamado un
ambiente VICA: un mundo caracterizado por la volatilidad,
la incertidumbre, la complejidad y la ambigüedad. Pero
en medio de la incertidumbre, necesitamos recordar que
servimos a un Dios "en el cual no hay mudanza, ni sombra
de variación" (Santiago 1:17).

Mientras que la mayoría de la gente está desconcertada y
se encuentra abrumada con la tarea de manejar el presente,
nosotros, el pueblo de Dios y ciudadanos del Reino,
podemos ver más allá de las circunstancias de estos tiempos
tumultuosos y por fe ver el sol levantándose justo más allá del
horizonte. Mientras que otros ven obstáculos, por fe vemos
que la oportunidad aparece con el amanecer de un nuevo día.

Hay una revelación un tanto oscura que se encuentra en

un pasaje familiar de la Biblia que he usado para motivarme al ir en pos de cumplir mi propósito.

> Cuando el Hijo del Hombre regrese, será como en los días de Noé. En esos días, antes del diluvio, la gente disfrutaba de banquetes, fiestas y casamientos, hasta el momento en que Noé entró en su barco. La gente no se daba cuenta de lo que iba a suceder hasta que llegó el diluvio y arrasó con todos. Así será cuando venga el Hijo del Hombre.
>
> —MATEO 24:37-39, NTV

Estos versículos me ayudaron a entender que mientras que esos fueron los días de Noé, estos son suyos y míos. Al igual que Noé, usted no tiene que ser arrastrado por las corrientes del cambio cultural. Usted puede ser como Noé, cumpliendo con su comisión, maximizando su potencial y haciendo avanzar a la humanidad según el plan de Dios revelado para su vida.

Tan mórbida como esta afirmación pueda parecer, un día su vida llegará a su fin. Ya no habrá más días "algún día pronto", "lo haré mañana", "cuando termine mi licenciatura" o "cuando los niños crezcan". Ya no habrá más días de "dormirse en un hermoso amanecer", "lo debí haber hecho", "se me olvidó hacerlo" o "no siento ganas de hacerlo". No habrá más horas, minutos o segundos. No importará lo que haya adquirido, recordado u olvidado. Sus temores, dudas, ansiedades, frustraciones y decepciones finalmente desaparecerán. Igualmente, sus oportunidades de vivir deliberada e intencionalmente. La Biblia dice que "todo lo que se quiere debajo del cielo tiene su hora" (Eclesiastés 3:1), y el tiempo para cumplir con su propósito es ahora. La visión, por lo tanto, se vuelve importante porque lo mantiene enfocado en lo principal: su propósito y su comisión. La visión le da el empujón que necesita para disciplinar su mente cuando se siente tentado a dejar cosas para después; a ponerle atención a sus sueños; y a continuar con hacerlos suceder.

No siga retrasando sus sueños y poniendo sus metas en segundo término. Encuentre su lugar en el desarrollo del plan de Dios para la humanidad.[3] Encontrar ese lugar puede parecer como una tarea intimidante, pero cuando examina la vida de los que han hecho historia, usted verá este hilo de verdad: Dios los usó durante los tiempos más críticos de la humanidad y los mayores momentos de dolor y luego unieron ese dolor con su más grande pasión. Y cuando el dolor es emparejado con pasión, el propósito se vuelve claro como el cristal.

HAY ALGO MEJOR QUE ESO *AQUÍ*

Su visión lo llevará en su camino único. Ese camino podría llevarlo más allá del *statu quo* y las convenciones de la cultura que definen la realidad de la vida dentro de su comunidad o país. La visión es la aventura final que lo ayudará a descubrir la persona que siempre debió ser, y usted también descubrirá su verdadero valor en el proceso.

Frederick Douglass, filósofo, activista y autor, encontró el coraje para arriesgarse a huir de la plantación de su amo para ir en pos de su visión de alfabetismo y libertad. Se desafió a sí mismo a aprender a leer, y con el tiempo siguió adelante para vivir una vida extraordinaria porque se rehusó a rendirse al *statu quo* de la esclavitud y la ignorancia.

> Mi vida libre comenzó el 3 de septiembre de 1838. La mañana del 4 de ese mes, después de un viaje ansioso

> y por demás peligroso, me encontré en la gran ciudad
> de Nueva York, siendo un HOMBRE LIBRE; uno
> más añadido a la poderosa multitud que, como las
> confundidas olas del mar agitado, deambulaba de un
> lado a otro entre los altos muros de Broadway [...]
> Pero mi alegría fue de corta duración, ya que no
> estaba todavía fuera del alcance ni del poder de los
> esclavistas.[4]

La fe con frecuencia tiene un elemento de riesgo. Ir en
pos de su visión a veces lo llevará en excursiones riesgosas
a medida que navegue por las corrientes del cambio, los
vientos contrarios del fracaso y las mareas de la conmo-
ción emocional o de la incertidumbre. No todos los riesgos
son creados iguales. Pero quedarse donde está puede ser finalmente más riesgoso que alcanzar sus sueños. Usted está
arriesgando todo su futuro por un falso sentido de seguridad, comodidad y certeza. Cuando la tensión se acumula
dentro de usted para explorar y hacer algo más, suele ser
Dios que le está dando palmadas en el hombro para hacerle
saber que es tiempo de seguir adelante con otra cosa.

Seguir adelante con otra cosa significa que usted debe
arriesgar su comodidad y conveniencia, incluso su apoyo y
entendimiento, con el fin de perseguir su pasión, realizar su
visión y cumplir sus sueños. Es una mentalidad tipo "nadar
o hundirse", "perecer o sobrevivir" que dice: "Estoy preparado para arriesgarlo todo para lograr hacer aquello para lo
que nací". Qué está dispuesto a arriesgar se basa en lo que
quiere y en lo que valora. Ben Carson dijo una vez: "Es sumamente importante para la gente conocerse a sí misma y
entender cuál es su sistema de valores, porque si no conoce

cuál es su sistema de valores, entonces no sabe qué riesgos vale la pena tomar y cuales vale la pena evitar".[5]

Lo que Frederick Douglass valoraba eran la libertad y una educación. Estaba dispuesto a arriesgar todo, incluso su vida, por obtenerlas. Douglass sopesó los pros y los contras de acción y actitud, de responsabilidades y oportunidades de su visión de libertad contra las condiciones que formaban su realidad; y la libertad ganó. Para él, la libertad era mejor que la esclavitud, y la educación era mejor que la ignorancia. Douglass arriesgó mucho, pero logró el éxito. Se volvió un reconocido orador y autor, y cerca del final de su vida sirvió a su país como cónsul general de Haití y como encargado de negocios en Santo Domingo.

John F. Kennedy dijo: "Hay riesgos y costos para un plan de acción. Pero son mucho menos que los riesgos y costos a largo plazo de la inacción cómoda".[6] El éxito y el progreso vienen de tomar riesgos calculados. Lo hermoso de los riesgos calculados es que puede lograr sus metas o aprender algo nuevo en el proceso. De cualquier manera, usted gana, incluso si el éxito es derivado de la adquisición de conocimiento adicional y de la acumulación de experiencia.

El historiador griego, Herodoto, escribió: "Los grandes éxitos no son obtenidos excepto por grandes riesgos".[7] En otras palabras, piense en ello solamente lo suficiente para determinar si vale la pena el esfuerzo, sea que usted o el mundo estén mejor por ello. Si es así, no titubee: tome el riesgo. El riesgo se encuentra inextricablemente conectado con el éxito. Los que no están dispuestos a tomar riesgos, están destinados a no tener éxito; al mismo tiempo, al tomar riesgos, uno también debe aceptar toda la responsabilidad por los resultados; tanto de los éxitos como de los fracasos.

Jesús dijo: "Sí [...] y a los que usan bien lo que se les da, se les dará aún más; pero a los que no hacen nada se les quitará aun lo poco que tienen" (Lucas 19:26, NTV). Cuando usted deje lo ordinario en pos de lo extraordinario, no utilice el espejo retrovisor en un intento por encontrar su camino. Olvide lo que queda atrás, y extiéndase a lo que está delante, y prosiga a la meta, al premio del supremo llamamiento de Dios en Cristo Jesús (Filipenses 3:13-14). Tome un riesgo calculado y por fe atrévase a inhalar la dulce fragancia del éxito.

EJERCITE FE INQUEBRANTABLE

Abraham vivió en una época en la que servir a Dios no era popular. Dios le dio dos opciones: escoger escuchar a su cultura o elegir oírlo a Él. En un mundo lleno de voces que disienten moral y espiritualmente, debe tener la valentía de escoge escuchar a Dios. Abraham decidió oír a Dios, creer en las posibilidades ilimitadas que estaban delante de él y confiar en Dios en el proceso. Hizo como el Señor le dijo (Génesis 12:4).

En su libro clásico *The Path of Least Resistance* [El camino de la menor resistencia], Robert Fritz escribe: "Si usted limita sus opciones solamente a lo que parece posible o razonable [...] se desconectará de lo que usted verdaderamente quiere, y todo lo que le quede será una componenda".[8] No comprometa su visión para hacer grandes cosas por los desafíos inherentes en nuestros tiempos. El momento en que cede en un área, lo puede llevar a ceder en todas las áreas. Aceptar el *statu quo* es resignarse a ser un producto de su ambiente, una víctima de sus circunstancias o una combinación de ambos. No empeñe su futuro porque el presente sea desafiante. Transigir lleva a la catástrofe. Usted tiene un futuro brillante por delante. No sea como las masas que han perdido su esperanza porque sienten que no hay nada que puedan hacer para escapar de sus circunstancias actuales. Usted no tiene que vivir entre los que han perdido la esperanza (Efesios 2:12-13).

Hebreos 6:12 nos instruye a encontrar a alguien a quien podamos emular. Para ser más específicos, afirma que deberíamos ser "imitadores de aquellos que por la fe y la paciencia heredan las promesas". Abraham es reconocido en Hebreos 11 como un hombre de fe: "Por la fe Abraham, siendo llamado, obedeció para salir al lugar que había de recibir como herencia; y salió sin saber a dónde iba" (v. 8). Pero Hebreos 11 también habla de otros que estiraron su fe hacia el plan revelado de Dios y hacia el Dios del plan revelado. Dios ha prometido un mejor final para su vida de como comenzó (vea Eclesiastés 7:8). Va a requerir fe hacer el viaje y navegar de lo conocido a lo desconocido. Debemos andar por fe "no por vista" (2 Corintios 5:7). ¿Por qué es tan importante la fe? A medida que viajamos por la vida, somos bombardeados por tormentas; y es la fe la que lo empodera para vencerlas todas.

> Pues todo hijo de Dios vence a este mundo de maldad, y logramos esa victoria por medio de nuestra fe. ¿Y quién puede ganar esta batalla contra el mundo? Únicamente los que creen que Jesús es el Hijo de Dios.
> —1 Juan 5:4-5, NTV

Al igual que yo, usted tiene que pelear muchas batallas en su vida, pero en medio de la guerra espiritual está su fe que lo protege a usted, su visión, sus sueños y sus metas.

Pablo dio instrucciones claras en su carta a los Efesios: "Sobre todo, tomad el escudo de la fe, con que podáis apagar todos los dardos de fuego del maligno" (Efesios 6:16).

APRENDA A VER CON NUEVOS OJOS

La fe también lo ayuda a ver con nuevos ojos. Dios le dijo a Abraham que viera más allá de donde se encontraba hacia la distancia, "hacia el norte y el sur, y al oriente y al occidente" (Génesis 13:14). ¿Por qué? Porque Dios solo podría darle lo que alcanzara a ver: "Porque toda la tierra que ves, la daré a ti y a tu descendencia para siempre [...] Levántate, ve por la tierra a lo largo de ella y a su ancho; porque a ti la daré" (Génesis 13:15-17).

Creo que esta generación está sufriendo de ceguera espiritual. A causa de una falta de fe no somos capaces de ver las cosas que Dios quiere traer a nuestra vida (Hebreos 11:1). Las cosas que Dios ha preparado para usted antes de la fundación del mundo no siempre son visibles para el ojo natural y por lo tanto requieren que se conecte con el plano de la fe para adquirirlas (Deuteronomio 29:29).

Estas son cosas que son invisibles a simple vista. Tome por ejemplo el hidrógeno y el oxígeno; no los podemos ver, pero cuando se combinan por medio de una reacción química, se vuelven una sustancia visible llamada agua. Lo mismo sucede cuando el sodio y el cloro se juntan para formar sal de mesa. Estas moléculas incluso pueden existir lado a lado sin siquiera ser transformadas en una sustancia visible. Pero cuando las moléculas reacciones unas con otras, son transformadas en sustancias que podemos ver y usar. En una manera similar, la fe es un proceso invisible que nos permite responder continuamente a la Palabra de Dios, produciendo efectos

visibles en nuestra vida. Estas cosas nos son reveladas por el
Espíritu de Dios.

> Antes bien, como está escrito: Cosas que ojo no vio,
> ni oído oyó, ni han subido en corazón de hombre, son
> las que Dios ha preparado para los que le aman.
>
> Pero Dios nos las reveló a nosotros por el Espíritu;
> porque el Espíritu todo lo escudriña, aun lo profundo
> de Dios. Porque ¿quién de los hombres sabe las cosas
> del hombre, sino el espíritu del hombre que está en
> él? Así tampoco nadie conoció las cosas de Dios, sino
> el Espíritu de Dios. Y nosotros no hemos recibido el
> espíritu del mundo, sino el Espíritu que proviene de
> Dios, para que sepamos lo que Dios nos ha concedido
> —1 Corintios 2:9-12

Dios es un Dios de revelación. La palabra *revelación*
proviene de la palabra griega *apokalupto*, que significa
"desvelar, dejar abierto lo que había estado velado o cubierto;
divulgar, hacer visible; hacer conocido, hacer manifiesto,
divulgar lo que antes era desconocido".[9] En 2 Reyes, leemos
acerca del relato del siervo de Eliseo que al principio no pudo
ver los ejércitos de Dios rodeando a sus enemigos. Luego
tuvo una revelación. Eliseo oró que Dios abriera los ojos del
siervo, y Dios lo hizo.

> Y se levantó de mañana y salió el que servía al varón
> de Dios, y he aquí el ejército que tenía sitiada la
> ciudad, con gente de a caballo y carros. Entonces su
> criado le dijo: ¡Ah, señor mío! ¿qué haremos?
>
> Él le dijo: No tengas miedo, porque más son los que
> están con nosotros que los que están con ellos. Y oró
> Eliseo, y dijo: Te ruego, oh Jehová, que abras sus ojos

para que vea. Entonces Jehová abrió los ojos del criado,
y miró; y he aquí que el monte estaba lleno de gente de
a caballo, y de carros de fuego alrededor de Eliseo.

—2 REYES 6:15-17

"Y he aquí que el monte estaba lleno de gente de a caballo,
y de carros de fuego…". A partir de este texto aprendemos
que la fe ve aquello para lo que la persona promedio está
cegada. Para dejar atrás lo ordinario, debe aprender a ver lo
extraordinario. Su vida avanzará en la dirección en la que
usted pueda ver por fe. Vea más grande, más ancho, más lejos,
más alto. Practique ver más extensamente. Ejercite su fe para
asir el tipo de revelación que abrirá sus ojos al Reino en acción
en su vida. Una revelación es simplemente "desvelar" qué más
es posible en Cristo.

…para que el Dios de nuestro Señor Jesucristo, el
Padre de gloria, os dé espíritu de sabiduría y de
revelación en el conocimiento de él, alumbrando los
ojos de vuestro entendimiento, para que sepáis cuál
es la esperanza a que él os ha llamado, y cuáles las
riquezas de la gloria de su herencia en los santos, y
cuál la supereminente grandeza de su poder para
con nosotros los que creemos, según la operación del
poder de su fuerza.

—EFESIOS 1:17-19

ESTÉ DISPUESTO A IR A DÓNDE NUNCA HA ESTADO

El poeta T. S. Eliot dijo: "Solamente los que se arriesgan
ir lejos pueden tener la posibilidad de descubrir lo lejos que
uno puede ir".[10] Uno no puede vivir una vida extraordinaria
por medio de permanecer siendo ordinario. Requiere fe,

valentía y garra romper moldes culturales, taras nacionales, limitaciones políticas y expectativas familiares.

¡Apunte a las estrellas! ¡Tire a lo más alto! Eleve su vida por medio de atreverse a ir más alto (vea Colosenses 3:1-3). Vivir en el plano de la posibilidad es donde los que obtienen grandes logros inhalan el dulce aire del éxito. La mayoría de la gente nunca se libera del *statu quo* porque no están dispuestos a arriesgarse a subirse a una rama. Pero al final de esa rama es donde está el fruto más dulce.

Aprenda a convertirse en el tipo de visionario que levanta la barra y sube de nivel de las personas a su alrededor. Atrévase a unirse a las filas de los que empujan a la humanidad hacia adelante.

> Al que cree todo le es posible.
>
> —MARCOS 9:23

> Pedid, y se os dará; buscad, y hallaréis; llamad, y se os abrirá. Porque todo aquel que pide, recibe; y el que busca, halla; y al que llama, se le abrirá.
>
> —MATEO 7:7-8

• • •

CAPÍTULO TRES

Establezca su curso hacia el mañana

No hay nada como un sueño para crear el futuro.
—Víctor Hugo

Hagamos nuestro futuro hoy, hagamos realidad nuestros sueños de mañana.
—Malala Yousafzai

L A HISTORIA SE ha visto manchada con guerras, disturbios, liderazgo despótico, desafíos geopolíticos, limpiezas étnicas, erosión ambiental y enfermedades que amenazaban barrer con toda la humanidad. No obstante, a pesar de estas amenazas a nuestra misma existencia pudimos ver a través de las páginas de los libros de historia para identificar individuos que mantuvieron viva la esperanza y nos señalaron la posibilidad de un futuro mejor y más brillante por el poder de su visión.

Proverbios nos dice que "donde no hay visión, el pueblo se extravía" (Proverbios 29:18), tropieza en la oscuridad del desaliento. Al faltarles la esperanza, se pierden y con el tiempo dejan de florecer. Pero los visionarios que cambiaron el curso de la historia no dejarían que eso sucediese. Sus ideas atrevidas nos provocaron a cambiar y nos inspiraron a creer que podíamos vencer los desafíos de la época; y lo hicimos.

Fue la visión de individuos ordinarios dispuestos a arriesgarse a fracasar, y a veces a morir, lo que ha sido clave en la lucha en contra del colonialismo, el apartheid, el autoritarismo, las enfermedades que se pueden prevenir, la segregación, la pobreza, el analfabetismo, por nombrar algunos. Esos visionarios procedían de todos los rincones del mundo. Provenían de una diversidad de trasfondos, grupos étnicos y creencias religiosas. Eran médicos y cavadores de zanjas, emancipadores e ingenieros, personas comunes y personas acaudaladas, hombres libres y esclavos, políticos y poetas, ambientalistas y economistas, científicos y teólogos.

Visionarios como Martin Luther King Jr., Winston Churchill, Mahatma Gandhi, Nelson Mandela, Sojourner Truth, John F. Kennedy, Jane Goodall, Andrew Carnegie, Henry Ford, William Booth, D. L. Moody, Aimee Semple-McPherson, Oral Roberts, Billy Graham, Desmond Tutu, Billy Sunday, Rachel Carson, Vandana Shiva, Steve Jobs y Walt Disney junto con un sinnúmero de otros, ayudaron a fomentar la paz, el avance tecnológico, los descubrimientos médicos y nuevas economías, así como nuevas maneras morales y éticas de pensar y de vivir. Estoy impresionada por las biografías de estos visionarios que he leído a lo largo de los años y he sido inspirada por sus historias. Pero el mayor visionario que vivió alguna vez, en mi opinión, fue Jesucristo. Tuvo la visión de salvar a toda la humanidad y restaurarnos de vuelta a nuestro estado original como representantes del cielo.

La visión es probablemente una de las fuerzas espirituales más importantes del mundo. Por medio de ella, las vidas son mejoradas, el propósito es actualizado y el potencial maximizado. Es una fuerza que ha moldeado nuestro mundo y ha fomentado el progreso de la humanidad. Es un factor esencial para el avance tecnológico, los descubrimientos médicos y científicos, el desarrollo de la comunidad, el crecimiento económico y otros logros. Es un elemento clave que ayuda a moldear nuestra vida colectiva e individual.

La visión requiere el uso de la mente; ¡y todos tenemos una! Nuestra mente es una máquina innovadora generadora de ideas. No tiene tapas ni limitaciones, excepto las que se han autoimpuesto. Su mente es poderosa y puede propulsarlo a hacer muchas cosas extraordinarias: *una vez que entienda cómo aprovechar su poder* (2 Corintios 10:4-5). No se necesita más que una idea para crear una bella obra de arte. Una chispa de inspiración es todo lo que se requiere para componer una sinfonía. Una visión de algo mejor es lo único que se precisa para cambiar la trayectoria de una nación. En palabras de Antoine de Saint-Exupéry: "Un montón de piedras deja de serlo en el momento en que un solo hombre la contempla, llevando dentro de sí la imagen de una catedral".[1] ¿Qué extraordinaria posibilidad puede usted ver cuando ve las circunstancias ordinarias?

No obstante, la visión no solo es el arte de imaginar; también es la habilidad de hacer realidad lo que se ha imaginado. Imagínese lo que podría hacer si hiciera más que solo pensar en hacer algo. No solo se imagine las posibilidades, actúe ahora para hacer realidad la vida que se imaginó vivir, las cosas que se ha imaginado hacer, las industrias que se imaginó impactar, las personas que se imaginó influenciar y el mundo que se imaginó cambiar para mejor. Comience a transformar su montón de piedras en una catedral, incluso si es una piedra a la vez. Con el mapa de su visión delante de usted, establezca su curso para navegar hacia un mejor mañana.

ESTABLEZCA EL CURSO CORRECTO

El autor de mayor venta de las listas de *The New York Times*, Richard Paul Evans, recientemente publicó un libro nuevo llamado *The Broken Road* [El camino roto]. Se trata de un hombre quien, a mitad de su carrera, a pesar del gran éxito material, se pregunta si no ha desperdiciado su vida yendo en pos de las metas equivocadas. Es una historia de segundas oportunidades. Me recuerda la redención del personaje ficticio Ebenezer Scrooge en *Un cuento de Navidad*. Esa Navidad, a que hermoso día da pie cuando uno se da cuenta de que todavía es tiempo de redirigir su vida. Vivir con remordimiento es algo terrible, pero es todavía peor morir con él. Este no tiene que ser usted. Usted tiene la oportunidad de vivir su vida con propósito y lograr algunas grandes cosas durante ella.

El autor de *Los 7 hábitos de la gente altamente efectiva*, Stephen R. Covey, advierte en contra de trabajar "fuerte y cada vez más fuerte para subir la escalera del éxito solo para descubrir que está apoyada en la pared equivocada".[2] Demasiadas personas llegan al final de su vida con desazón o decepción; o digamos que simplemente llegaron al final solo para encontrar que habían estado en el camino equivocado todo ese tiempo. Estas personas fallaron en comenzar con el fin en mente. Dejaron de lado ver hacia delante, hacia donde esperaban ir, ya ni se diga diseñar un mapa para llegar allí.

Debemos perseguir deliberadamente una visión profundamente significativa, volvernos claros sobre la naturaleza de nuestros deseos más verdaderos e intencionalmente establecer un curso para cumplirlos. Pase tiempo de calidad con Dios. Permítale llenar su corazón, mente y alma con visión. Sin visión, escribió el rey Salomón, el pueblo se extravía (Proverbios 29:18). Otras traducciones aclaran que el tipo de visión que lo va a llevar adonde verdaderamente quiere ir es guiada por Dios; es inspirada divinamente (vea Proverbios 29:18, NTV, DHH, PDT). Cuando su visión ha sido infundida con los propósitos de Dios para su vida, lo va a mantener en el rumbo correcto, así como las barreras mantienen una bola de boliche en dirección hacia los pinos. ¡Es cuando la gente ignora esa voz interna llamándolos en cierta dirección que pierden el rumbo!

Las visiones corrigen el rumbo. He escuchado acerca de ejecutivos sénior que cambian de carrera a causa de una visión atractiva cuando "deberían" estar pensando en retirarse. He escuchado acerca de carpinteros que se convirtieron en médicos y médicos que se volvieron carpinteros a causa de una visión. He escuchado a muchos psicólogos que se volvieron profesores, farmacéuticos que se volvieron granjeros, trabajadores sociales que se volvieron masajistas, exconvictos que se volvieron jueces y soldados que se volvieron bailarines de salón, todo a causa de una visión.

LA TIERRA DEL MAÑANA

La visión lo lleva a una tierra llamada Mañana. He escuchado definir el mañana como "una tierra en la que 99% de toda la productividad, motivación y logro humano es almacenado".[3] ¿Alguna vez se ha sentido que eso representa el mañana al que se dirige: un lugar en el que será más productivo, más motivado y tendrá más logros? ¿Será que el mañana en el que usted sueña parece demasiado lejos o incluso justo fuera de su alcance cuando cada día que pasa se convierte en el mismo hoy que vivió ayer? ¡Esto es un tema tan común en nuestra vida que películas como *El día de la marmota*, *Como si fuera la primera vez*, *Ocho minutos antes de morir* y *Al filo del mañana* han sido tremendamente exitosas! Pero usted tiene que cortar los patrones recurrentes de su vida.

Y, ¿cómo lo hace? ¿Cómo evita repetir el mismo día una y otra vez? He aprendido a través de mis tratos con las personas, mis servicios de *coaching* y consultoría y mis estudios de liderazgo en Oxford que el éxito puede girar sobre el tipo de preguntas que estamos haciendo. Si estamos haciendo las preguntas equivocadas, obtendremos las respuestas equivocadas. Algunas veces todo lo que uno necesita es hacer una pregunta distinta. Las preguntas son lo que enmarca su contexto; y si su contexto está equivocado, sus conclusiones estarán equivocadas. La diferencia entre una temporada y la siguientes está escondida en el flujo de información.

Las preguntas dirigen su enfoque y sus expectativas; en otras palabras, sus pensamientos y su mentalidad. Cuando usted aprende el arte de hacer las preguntas adecuadas, obtendrá las respuestas correctas. Si usted ha leído *Declara bendición sobre tu día* —o en tal caso cualquiera de mis libros— usted ya sabe que lo que está en su mente determina lo que está en su vida. En lo que usted piensa sucede (Proverbios 23:7). Y aunque usted quizá no se dé cuenta, su mente activa siempre está en el proceso de hacer algún tipo de pregunta. De hecho, llevaría ese principio un paso más allá para añadir que las preguntas que usted está haciendo caen en dos categorías; usted está pensando *¿qué es lo que está mal?*, o bien *¿qué es posible?* La naturaleza de las preguntas que usted se haga dirigirá su atención, su enfoque; y, por supuesto, aquello en lo que se enfoque se expandirá. Usted finalmente obtendrá más de aquello a lo que le ponga más atención.

Por eso Pablo les dijo a los Efesios: "En fin, hermanos, piensen en todo lo que es verdadero, noble, correcto, puro, hermoso y admirable. También piensen en lo que tiene alguna virtud, en lo que es digno de reconocimiento. Mantengan su mente ocupada en eso" (Filipenses 4:8, PDT). Así de importante es dirigir deliberadamente su enfoque; y, por lo tanto, por eso es tan importante tener una visión clara. Esto es lo que hace que un tablero de visión y la práctica de la visualización sean tan poderosos. Estas herramientas lo habilitan para enfocar su atención en aquello de lo que quiere más, no en lo que desea menos; en otras palabras, lo ayudan a mantener el enfoque en lo que usted *quiere*, no en lo que *no quiere*.

Si usted quiere más abundancia, entonces fije su atención en la abundancia, incluyendo la abundancia que ya tiene. La mentalidad de abundancia "proviene de apreciar todo lo que ya tiene y todo lo que ya es", enseña el experto en éxito Darren Hardy. Es la actitud de gratitud —dice él—, lo que cambiará completamente su realidad.

> Podemos detener las dudas negativas naturales que están en lo profundo dentro de nuestra mente por medio de redirigir la atención de nuestra mente y enfocarla hacia la abundancia y todo lo que es posible. Este simple cambio puede afectar todo acerca de la manera en que usted experimenta o percibe su realidad. Enfocarse en lo que ya tiene ajusta el aparato

de su mente para poner más atención en lo que es posible, en lugar de en lo que está mal.[4]

Si usted opera a partir de lo que carece, continuará produciendo resultados que sean equivalentes. Deje de preguntar: "¿Qué está mal?", y empiece a preguntar: "¿Qué es posible?". Cuando usted cambia la pregunta, cambias los lentes a través de los que usted ve, y, por lo tanto, cambia el futuro que es posible para usted. Cambie su postura mental de una mentalidad "¿Por qué yo?" a una mentalidad "¡Pruébame!". En lugar de preguntar por qué le suceden cosas malas, pregunte cómo puede evitar que esas cosas malas le vuelvan a pasar de nuevo. Cambie su *por qué* por un *cómo*, y luego pídale a Dios que le dé la sabiduría de elaborar las respuestas. Y, como afirma la Biblia, cuando usted pide, recibe (Mateo 7:7).

Intente este experimento sencillo. Justo antes de irse hoy a la cama, incline su cabeza en oración, y hágale a Dios una pregunta "cómo" para resolver un problema, y váyase a dormir. Luego a lo largo del día mañana, observe cómo las respuestas y las opciones llenan su mente.

Quizá no se dé cuenta, pero cada pregunta que usted hace está emocionalmente cargada. Así como los barcos dejan una estela detrás, cada pregunta que usted hace deja una estela emocional. Preguntar "¿qué está mal?" deja una estela emocional negativa. La clave es hacer preguntas que lo coloquen en un estado mental positivo. Hacer las preguntas correctas puede cambiar su visión o ayudar a desarrollarla, lo mismo que su propósito y, en mi experiencia, la naturaleza de sus expectativas.

Cambie su postura mental de una mentalidad
"¿Por qué yo?" a una mentalidad "¡Pruébame!".

PRACTIQUE EL ARTE DE LA CONSULTA APRECIATIVA

En su disertación doctoral de 1986, el Dr. David Cooperrider originó la teoría de la consulta apreciativa como un acercamiento a la administración del cambio organizativo. Dicho en una manera sencilla, la consulta apreciativa analiza lo que está funcionando bien en una organización y luego determina cómo puede hacer más de eso. "El principio básico de la consulta apreciativa es que un equipo o una organización va a crecer en la dirección en que las personas de la organización enfoquen su atención".[5] Propone una metodología opuesta al modelo de la vieja escuela de "arréglalo". Como los médicos que se enfocan en promover la salud en lugar de tratar la enfermedad, la consulta apreciativa busca descubrir lo que las personas ya están haciendo bien y dónde son inherentemente fuertes, más que analizar sus debilidades y mostrar todas las maneras en que se han quedado cortas.

Podemos ver claramente la diferencia en los tipos de preguntas que propone el modelo de consulta apreciativa: es un acercamiento impulsado por los activos más que un acercamiento impulsado por las carencias. Por ejemplo, en lugar de preguntar: "¿Qué podemos hacer para reducir las quejas de los clientes?", una pregunta apreciativa podría sonar más como: "¿Cuándo los clientes han estado más contentos con nuestro servicio y qué podemos aprender y aplicar de esos momentos de éxito?".[6]

Por eso cuando se trata de su vida es importante definir

el enfoque general de la consulta. En lugar de acercarse a la pregunta de cómo crear un mejor mañana a partir de una mentalidad de resolución de problemas, acérquese a ella desde una perspectiva orientada a soluciones. Estos tipos de preguntas están arraigadas en sus valores y prioridades. Por ejemplo, escribe Brett Steenbarger en *Forbes*: "Cuando la pregunta implícita es acerca de: '¿Qué puedo hacer ahora?', somos presionados por las exigencias del presente. Cuando la pregunta es: '¿Qué es lo que va a hacer que hoy sea especial?', somos atraídos hacia nuestras prioridades".[7] En otras palabras, no se limite por su horario actual o por lo que siente que puede lograr en cualquier día dado. Se trata más de hacia que está avanzando y en quién se está convirtiendo en el proceso. Pienso en las flores "dondiego de día" que se orientan ligeramente en dirección al sol y se abren lentamente en respuesta a su calor.

Esto es lo que hacer preguntas del tipo apreciativo lo ayudará a lograr. Lo ayudarán a posicionarse en la dirección de un mañana brillante y lo compelerán a abrir su percepción a las posibilidades que guarda.

Hacer preguntas apreciativas es un proceso de cuatro pasos basado en el "Ciclo 4-D" desarrollado por el Dr. Cooperrider. Primero le pide que identifique lo que ya está funcionando bien —dónde ya está experimentando un grado de éxito—, y con eso en mente, a considerar qué más es posible. Aquí es donde se le pide que se conecte con el poder de su imaginación y capacidad de soñar. Con ese futuro potencial en mente, se le pide que elabore una visión de esos resultados deseados, y, finalmente, determinar los pasos necesarios para hacerlos realidad.

1. Descubrir: ¿Qué está funcionando?
   (Apreciar)

2. Dilucidar: ¿Qué es posible? (Soñar/imaginar/
   visualizar)

3. Diseñar: ¿Qué debería ser? (Determinar)

4. Dar: ¿Qué será? (Ejecutar/crear/realizar)

En las siguientes secciones del libro, lo ayudaré a dilucidar, diseñar y dar su mejor mañana posible. Pero antes de hacerlo, quiero ayudarlo a descubrir qué ya está funcionando bien para usted y apreciar los dones que ya se le han dado.

ESPERANZA PARA SU FUTURO

Algunas veces lo único que necesitamos es despertar a todo lo que ya tenemos. Simplemente necesitamos encender las luces de las varias habitaciones de nuestra vida para ver el hermoso mobiliario, las paredes decoradas, los armarios llenos de ropa e incluso el arreglo de piezas decorativas exhibidas en las repisas que colocamos allí porque nos trajeron una chispa de alegría. La mayoría de los que están leyendo este libro viven en tal abundancia que es fácil darla por sentado. Somos proclives naturalmente a ver solo lo que falta, lo que todavía no tenemos o lo que todavía no hemos logrado.

Creo que por eso hay un énfasis en la Biblia en la acción de gracias. Pablo les dijo a los Efesios que dieran "gracias por todo" (Efesios 5:20). De hecho, en varios lugares se nos instruye a ofrecer un sacrificio de acción de gracias (vea por ejemplo Levítico 7:12-13; 22:29; Salmo 116:17; Amós 4:5; y Jonás 2:9). Lo que lo despierta a la abundancia a su alrededor es una actitud de gratitud perpetua. Suba la intensidad del atenuador de luz para que pueda ver la bendición y el favor de Dios trabajando a su favor y las oportunidades que siempre está poniendo delante de usted. Con mucha frecuencia, no es que le falten oportunidades; es que no las ve. No tiene los ojos para ver lo que es posible para usted en cualquier momento dado. Usted ha sido llamado por Dios para despertar de su sueño y metafóricamente levantarse de los muertos, y cuando lo haga lo "alumbrará Cristo" (Efesios 5:14).

Desde el Antiguo al Nuevo Testamento, somos instados a despertar y levantarnos. Isaías lo insta a despertar, levantarse, resplandecer y vestirse de poder (52:1; 60:1), 1 Corintios le implora que sea conocedor de cómo vivir correctamente (15:34) y Apocalipsis le ordena que sea vigilante y afirme lo que sea que tenga (3:2). Siempre hay algo bueno trabajando a su favor que usted puede fortalecer si solamente está consciente de ello.

Así que usted necesita "dejar de enfocarse en lo negativo y en todo lo que podría salir mal, y comenzar a pensar en lo que podría salir bien. Mejor todavía, piense en todo lo que ya está bien".[8] Sea agradecido de haber despertado esta mañana. Sea agradecido por la ropa sobre su espalda y los alimentos sobre su mesa. Está agradecido por los amigos que se convirtieron en su familia. Esté agradecido por los familiares que también son sus amigos. Sea agradecido por los sueños y metas que se han hecho realidad en su vida. Luego use esta mentalidad positiva para moverlo a través de las aguas hacia un presente y un futuro más brillantes.

Esta es la primera boya que marcará su curso hacia el mañana. ¿Qué fortalezas u oportunidades usted ya tiene —incluso si son al parecer insignificantes— sobre las que podría capitalizar? No subestime el poderoso bien que

viene de ser un buen mayordomo sin importar lo poco que
usted ya tiene, porque se nos dice: "El que es honrado en
lo poco también lo será en lo mucho" (Lucas 16:10, NVI).
Encuentro interesante que con frecuencia interpretamos este
versículo con una mentalidad de carencia: pensamos en las
migajas que nos han sido dadas, como una papa podrida
que debemos convertir en un estofado. Pero lo desafío
a acercarse a esto desde una mentalidad de abundancia.
¿Qué son esos detalles que le traen gran alegría? Cuando
considere su vida, ¿cuándo fueron esos tiempos que usted
sintió que podría realmente obtener tracción o tomar vuelo,
esos momentos en los que se sintió más vivo o despierto
plenamente en su alma? Siempre me ha encantado esta cita
del activista de los derechos civiles Howard Thurman: "No
preguntes lo que necesita el mundo. Pregunta qué te hace
cobrar vida y ve y hazlo, porque lo que el mundo necesita
son personas que cobren vida".[9]

No subestime su existencia al ignorar lo que podría
parecer una pasión extraña. Esos son los deseos divinos
alimentado por una pasión que Dios ha sembrado en su
corazón. Donde su pasión choque con los problemas que
ve a su alrededor es donde usted encontrará su propósito.
Hágase preguntas que lo van a guiar en esa dirección y
profundice su sentido de significado y realización. En lugar
de preguntar: "¿Qué debo hacer?", pregunte: "¿Por qué es
importante?". Siempre mantenga ese *por qué* más grande
delante de un *qué* más pequeño.

Ahora, hágase preguntas que lo conecten con sus fortalezas.
Piense en el tiempo en el que estuvo en su máximo. ¿Cómo
puede traer las cualidades que experimentó en ese momento
al presente y usarlas para desarrollar un mejor mañana?

Determine en su mente que se acercará a lo que sea que la vida traiga a su camino desde una posición de fortaleza. Lo que sea que usted necesite para vencer cualquier desafío ya está dentro de usted. De hecho, usted ha sido dotado en una manera única con un conjunto específico de fortalezas que lo habilitarán para convertir esos desafíos en oportunidades.

La adversidad siempre viene con una oportunidad de desarrollarse a sí mismo.[10] La visión siempre lo estirará más allá de donde está y activará curvas de aprendizaje empinadas y profundas. Usted no puede avanzar más allá de la longitud y profundidad de su habilidad para aprender. Las habilidades que usted tiene actualmente deberán ser pulidas, afinadas y afiladas. Así que, ¿cuáles son esos desafíos que afilarán sus habilidades? O, ¿cuáles son esos encuentros que desarrollan la capacidad contra los que usted puede dar de lleno? Esto lo ayudará a definir y afinar lo que ya es excelente acerca de quién es usted y edificar sobre ello.

La vida es como un barco en un océano de oportunidades. No tiene que ser arrastrado por las corrientes de cambio si usted sabe cómo usar su visión y utilizar sus valores para establecer su curso hacia el mañana. Usted puede entonces guiar su navío, permitiendo que los vientos de su pasión llenen sus velas de fe, al moverse cada vez más cerca de la tierra de su destino. Cuando usted está confiado en el tipo de nave profética está basado en sus propias fortalezas inherentes, puede levar el ancla del temor y dejar atrás las amarras de la duda. Entonces puede localizar su estrella polar, establecer su dirección deseada y dirigirse hacia la nueva tierra de su anhelado destino.

En la siguiente sección nos enfocaremos en preguntas que lo conecten con una imagen positiva del futuro. Usted aprovechará el poder de su imaginación y desarrollará su habilidad de soñar más en grande de lo que había pensado que fuera posible. Vamos a entrar de lleno a la mecánica de la imaginería y al arte y ciencia de la visualización. Este es el siguiente paso en la jornada de crear su propio mañana épico. "No podemos vivir lo que no podemos soñar", dijo el autor Richard Paul Evans.[11] Comencemos a crear ese futuro soñado ahora. ¡Es tiempo de zarpar y decirle "hola", a su mañana!

> La ardua tarea de la intervención le abrirá el camino a la agudeza de la imaginación y la innovación: en lugar de negación, crítica y diagnóstico en espiral, habrá descubrimiento, sueños y diseño.
> —DAVID COOPERRIDER

> La imaginación… es el mismo ojo de la fe. El alma sin imaginación es lo que sería un observatorio sin telescopio.
> —HENRY WARD BEECHER

PASO DOS

Llévese a donde se ve a sí mismo

Si yo fuera a desear cualquier cosa, no desearía riquezas y poder, sino el apasionado sentido de potencial, para el ojo que, siempre joven y serviente, ve lo posible. El placer decepciona, la posibilidad nunca.

— Søren Kierkegaard

Y Jehová dijo a Abram, después que Lot se apartó de él: Alza ahora tus ojos, y mira desde el lugar donde estás hacia el norte y el sur, y al oriente y al occidente. Porque toda la tierra que ves, la daré a ti y a tu descendencia para siempre. Y haré tu descendencia como el polvo de la tierra; que si alguno puede contar el polvo de la tierra, también tu descendencia será contada. Levántate, ve por la tierra a lo largo de ella y a su ancho; porque a ti la daré. Abram, pues, removiendo su tienda, vino y moró en el encinar de Mamre, que está en Hebrón, y edificó allí altar a Jehová.

—Génesis 13:14-18

CAPÍTULO CUATRO

• • •

Atrévase a soñar

> Martin Luther King Jr. no dijo: "Tengo un
> plan estratégico". En lugar de ello, clamó:
> "Tengo un sueño", y produjo una cruzada.
> —DESCONOCIDO

> Sueñe sueños altos, y según sueñe, así se volverá
> [...] Los sueños son las semillas de las realidades.
> —JAMES ALLEN

UNO DE LOS visionarios más famosos mencionado en la Biblia fue José. Implementar su sueño por medio de visión y estrategia fue lo que hizo que Egipto se convirtiera en una superpotencia en su época. Tener una visión, creo que se convierte en el superpoder que lo ayuda a superar condiciones y situaciones que normalmente ahogarían su voz y enterrarían su potencial. Llegué a esta teoría leyendo acerca de la sorprendente Michaela DePrince.

Nacida como Mabinty Bangura en una Sierra Leona destrozada por la guerra, Michaela a los tres años perdió a su padre a manos de la violencia rebelde, y a su madre por inanición poco después. Fue llevada a un orfanato donde padecía discriminación por su vitiligo: una condición dermatológica que da como resultado una pigmentación irregular de la piel. Poco después, el orfanato fue atacado por los rebeldes, y ella también fue agredida. Un guardia intervino y la rescató momentos después de haber sido acuchillada con un machete. Finalmente, anduvo a pie la larga travesía en su huida a un campo de refugiados distante junto con el resto de los sobrevivientes.

Michaela tenía cuatro años cuando se unió a su familia estadounidense en Cherry Hill, Nueva Jersey. Lo único que trajo con ella fue la cubierta de una revista que el viento llevó al patio del orfanato. Era la fotografía de una hermosa bailarina. Ella quería ser esa bailarina más que ninguna otra cosa. Su nueva madre, Elaine DePrince, reconoció su pasión y la ayudó a ir en pos de su sueño, y hoy Michaela está bailando en los escenarios del mundo como solista con la Compañía de Ballet Nacional Holandesa.[1] Ha aparecido en varios anuncios, baila al lado de Beyoncé en un famoso video musical y es la autora de dos libros, uno de los cuales está siendo adaptado como guion cinematográfico en Hollywood para ser dirigido por Madonna.

Todo comenzó con una visión; una poderosa imagen que ella tenía en su mente. Esa visión fue sembrada por el deseo de una posibilidad futura. Ese deseo estaba arraigado en un anhelo de sentir libertad y alegría. Y ese anhelado sentimiento fue deliberadamente perseguido por medio de un enfoque sostenido e intenso. Fue su deseo profundo lo que habilitó a Michaela para mantener un enfoque firme en el sueño que había determinado perseguir, sin importar lo que las personas, las circunstancias o los fracasos percibidos le dijeran en contra. En las palabras de la pionera educadora y autora, Marsha Sinetar: "El deseo ardiente de ser o hacer algo nos da el poder de la perseverancia: una razón para levantarnos cada mañana o para levantarnos nuevamente y comenzar otra vez después de una decepción".[2]

EL PODER DEL DESEO

Casi han pasado veinte años desde que Jack Canfield y Mark Victor Hansen publicaron su libro de mayor venta *El poder de mantenerse enfocado*. Fue publicado después de su épicamente exitosa serie *Caldo de pollo para el alma*. La manera en que el primer libro de la ahora mega serie de *Caldo de pollo para el alma* se convirtió en un libro de mayor venta es una historia asombrosa de enfoque y determinación por sí sola, habiendo sido rechazados por cada editor de Nueva York. Cuando los autores estaban a punto de darse por vencidos, una pequeña editorial desconocida en Deerfield Beach, Florida, se interesó, y el resto es historia. El éxito de librería *Caldo de pollo para el alma* posicionó a Canfield y Hansen para el lanzamiento de su libro *El poder de mantenerse enfocado*, que probó ser un clásico pionero sobre cómo aprovechar el poder de su mente para lograr sus metas.

No hay duda de que el enfoque es una poderosa herramienta mental. Como hemos dicho, usted amplifica lo que sea que domine su atención. O si lo decimos de otro modo: aquello en lo que usted enfoque su energía mental crecerá en poder e influencia sobre su vida. ¡Y esta es precisamente la razón por la que es sumamente importante prestar atención a (o tener consideración de) aquello en lo que se enfoque! La conciencia plena se ha convertido en un lema de la cultura popular, pero más allá de practicar "estar presente" como un ejercicio mental, quiero dirigir su mente a lo que usted desea profundamente.

Semejante a la ley del enfoque, usted finalmente encontrará lo que sea que esté buscando. Así que, ¿qué está buscando? Como Jesús le preguntó al ciego: "¿Qué quieres que te haga?" (Marcos 10:51). Y como se dice que Mark

Twain señaló: "Puedo enseñarle a cualquier persona cómo obtener lo que quiere de la vida. El problema es que no puedo encontrar a nadie que me diga lo que quiere".[3] ¿Qué tanta conciencia plena tiene de —y bueno, qué tan presente tiene— los anhelos de su corazón, sus pasiones profundas o ese destino soñado que se imaginó de niño?

El deseo es todavía más poderoso que el enfoque. ¿Por qué? Porque el deseo tiene el poder de dominar su enfoque como ninguna otra fuerza. Napoleón Hill escribió: "Un deseo fuerte, profundamente arraigado es el punto de partida para todo logro".[4] También escribió: "¡El deseo no es una *esperanza!* ¡No es una *ilusión!* Es una aspiración intensa, pulsante, que trasciende todo lo demás". Añadió: "Los deseos débiles traen resultados débiles, así como una pequeña cantidad de fuego genera una pequeña cantidad de calor".[5] Un contemporáneo de Hill, Robert Collier, dijo: "Plante la semilla del deseo en su mente y formará un núcleo con el poder de atraer todo lo que necesita para su cumplimiento".[6] El deseo es una fuerza poderosa que usted debe aprender a aprovechar si es que va a dirigir su enfoque eficazmente.

EL PERIPLO DEL HÉROE

Si usted es un ávido entusiasta de las películas, es bastante probable que haya escuchado el concepto llamado el periplo del héroe. Se cree que es la estructura de cada gran historia, también conocida como el monomito: "El modelo común de una amplia categoría de relatos que tratan de un héroe que emprende una aventura y en una crisis decisiva obtiene una victoria, y luego regresa a casa transformado".[7]

El estudio del mito del héroe comenzó en 1871 con la

teoría de Edward Taylor de que la narrativa de toda historia comparte un patrón común. Más tarde, Joseph Campbell popularizó el concepto con la publicación de su libro de 1949 *El héroe de las mil caras*, en el que describe el patrón básico de narración: "Un héroe se aventura desde el mundo del día común a una región de maravilla sobrenatural: allí se encuentra con fuerzas fabulosas y obtiene una victoria decisiva: el héroe regresa de su aventura misteriosa con el poder de otorgar beneficios a sus semejantes".[8] Campbell identificó tres etapas del monomito con diecisiete subsecciones,[9] pero el guionista de Hollywood, Christopher Vogler, identificó doce elementos clave en su guía al guionismo de 2007: *El viaje del escritor: El cine, el guion y las estructuras míticas para escritores*.[10] Más recientemente, Donald Miller, autor de *Building a StoryBrand* [Desarrolle una historia de marca], utilizó solamente siete elementos en su marco de referencia "vender con una historia".[11] No obstante, a lo que quiero llevarlo ahora es al marco de referencia de historias más racionalizado de todos los que he descubierto hasta ahora.

Cada historia se compone de "un personaje que quiere algo y que debe vencer un conflicto para obtenerlo".[12] Según el fundador de Groundworks, Ken Janke, quien "desarrolló Story Lab para ayudar a los individuos a ser autores de la historia que quieren vivir", la parte de "quiere algo" de esa definición es "el objeto del deseo".[13] Un objeto de deseo podría ser literalmente un objeto, o podría ser una idea, un sentimiento, un logro o incluso una persona. Proverbios nos dice que "el deseo cumplido regocija el alma" (13:19). Así que, ¿qué cosa vale la pena que usted persiga? En su opinión, ¿qué sería una aventura digna, o bien, una historia de vida épica? A través de Story Lab, Janke ayuda a los participantes a identificar y desarrollar el tipo de historia que quieren que su vida cuente por medio de considerar estas tres preguntas:

1. En su historia, ¿cuál es el objeto del deseo?
2. ¿Qué es lo que su personaje valora?
3. ¿Cuál es la causa por la que su personaje está dispuesto a pelear?

Al definir su deseo básico, su valor básico y su causa básica, podrá expresar la idea maestra de su historia, algo así como su proposición de misión.[14] Una idea maestra, una dirección deseada, lo ayudará a dirigir su vida en una forma muy semejante a como la Estrella Polar brinda un punto fijo para mantener el rumbo de una nave. Así que déjeme preguntarle: ¿Cuál es el objeto de su deseo? ¿Qué obstáculos está dispuesto a vencer para obtenerlo? ¿Por qué causa está dispuesto a luchar?

Este es el principio: Si adaptaran su vida a la pantalla grande, ¿qué estaría buscando? ¿Qué tipo de obstáculos tendría que vencer? ¿Reconocería su objeto de deseo si lo encontrara? Lo que sea que usted esté persiguiendo, ¿vale la pena? ¿La persecución del objeto de su deseo es material para una buena historia? Más importante: ¿perseguir lo que usted desea le da una buena vida?[15] "*Somos* deseo —escribe el autor John Eldredge—. Es la esencia del alma humana, el secreto de nuestra existencia [...] El deseo impulsa nuestra búsqueda por la vida que valoramos [...] El deseo, tanto los susurros como los gritos, es el mapa que se nos ha dado para encontrar la única vida que vale la pena vivir".[16] También señala:

> Absolutamente nada de grandeza humana alguna vez se ha logrado sin él. No se ha escrito sinfonía ni se ha

escalado montaña ni se ha peleado contra la injusticia ni se ha sostenido amor alguno apartados del deseo. Nuestro deseo, si lo escuchamos, nos salvará de cometer suicidio del alma; de sacrificar nuestro corazón en el altar de "pasarla". Lo mismo de siempre no es suficiente. Nunca lo será [...] Abandonamos el viaje más importante de nuestra vida cuando abandonamos el deseo.[17]

No subestime el poder de sus deseos dados por Dios. Son lo que Dios usa para guiarlo hacia los propósitos que ha diseñado para usted. Sus pasiones fueron sembradas en la tierra de su alma antes de que usted naciera (Salmo 139:13); de cultivarse apropiadamente, florecerán en campos hermosos o en un gran bosque bendiciendo a incontables otros; lo conducirán en la historia épica que Dios quiere que su vida cuente.

Hoy lo desafío a convertirse en el héroe de su propia historia de aventuras dada por Dios. Súbase al puente del barco de su vida, y con la estrella polar de su dirección deseada como su guía, navegue valientemente hacia el horizonte y hacia la nueva tierra de su destino. Medite en estos versículos por un momento y sea inspirado por su riqueza:

Deléitate asimismo en Jehová, y él te concederá las peticiones de tu corazón. Encomienda a Jehová tu camino, y confía en él; y él hará. Exhibirá tu justicia como la luz, y tu derecho como el mediodía. Guarda silencio ante Jehová, y espera en él. No te alteres con motivo del que prospera en su camino, por el hombre que hace maldades.

—Salmo 37:4-7

SU INCLINACIÓN PARA SOÑAR

Usted nació con una inclinación natural para soñar. Nadie tuvo que enseñarle a perderse en sus pensamientos o a soñar despierto o a fingir o a fantasear. Fantasear —hacerse creer a uno mismo que es posible algo que imagina— es la manera en que estamos hechos; está en el ADN que heredamos de nuestro Padre celestial. Pienso en nuestros primeros años, Dios nos estaba dando una muestra de cómo usar nuestra imaginación para prepararnos para las visiones que transformarían al mundo que más tarde descargaría en nuestra mente. Su Creador, quien tiene la habilidad máxima para imaginar y es "poderoso para hacer todas las cosas mucho más abundantemente de lo que pedimos o entendemos" (Efesios 3:20), se deleita en verlo hacer crecer su capacidad de imaginar. Cuando se puede imaginar más, puede crear más porque puede creer más para su alabanza y gloria.

> Dios tiene poder para hacer mucho más de lo que le pedimos. ¡Ni siquiera podemos imaginar lo que Dios puede hacer para ayudarnos con su poder! Todos los que pertenecemos a la iglesia de Cristo, debemos alabarlo por siempre. Amén.
> —Efesios 3:20-21, TLA

Recuerdo nuevamente a la pequeña Mabinty Bangura, quien a pesar de sus circunstancias como una huérfana marginada retuvo la capacidad de soñar; de imaginarse a sí misma como una prima bailarina. Quizá lo perdió todo, pero no perdió su habilidad de soñar; ¡y de soñar en grande! Su sueño fue cimentado en un deseo ardiente: un deseo que otros podrían haberle dicho que no debería tener porque parecía imposible para la mente natural. Pero el deseo permaneció, y también el sueño basado en una imagen que ella guardó en su mente: la imagen de la prima bailarina de la cubierta de la revista que el viento hizo que accidentalmente se cruzara en su camino ese día. El viento pudo haber llevado la misma cubierta de revista frente a otra docena de niñas, pero fue Mabinty quien la tomó, *junto con el sueño* —o el deseo— que representaba.

Cuando se le preguntó en una entrevista qué la había inspirado tanto de la fotografía, Michaela DePrince explicó que representaba un sentimiento que anhelaba profundamente: alegría.[18] Para sus jóvenes ojos, esa bailarina se veía feliz y libre y fuerte y muy hermosa. Siendo una niña excluida y solitaria de tres años quien sentía que no había esperanza de que ella fuera aceptada y amada y querida por una familia, esa fotografía representaba en lo que ella esperaba algún día convertirse: aceptada, digna y adorada; y lo que eso la haría *sentir*.

Nuestros sueños están arraigados en deseos y los deseos son informados por sentimientos que anhelamos tener. Es la manera en la que nos hará sentir el cumplimiento del deseo lo que nos atrae a él. *El deseo* es parcialmente descrito como un "fuerte sentimiento"[19] y esos sentimientos son el estado natural del alma en el que usted fue diseñado vivir. Representan aspectos del Reino y de la vida abundante que Jesús vino a dar: paz, gozo y pertenencia (Juan 10:10; Romanos 14:17). Por lo tanto, esos deseos son inspirados por Dios.

Me parece interesante que si uno busca la etimología de la palabra *deseo*, uno encuentra que los eruditos piensan que su sentido original era "esperar lo que las estrellas traerían" de la frase *de sidere*, que significa "de las estrellas", que se deriva de la palabra que significa "cuerpo celeste".[20] Así que tiene sentido que Dios sea el autor de los deseos de su corazón (Salmo 21:2). Entre más tiempo pase con Él, más de sus deseos usted tendrá; y más podrá buscarlo en fe para cumplirlos, sabiendo que fue Él quien los puso allí (Salmo 37:4).

LA VISIÓN COMO UNA DISCIPLINA ESPIRITUAL

El deseo tiene que ir acompañado de disciplina para que se traduzca en una realidad. Hay un ejemplo excelente de la disciplina espiritual de la visión en el libro de Napoleon Hill, *Piense y hágase rico*. Muchos de nosotros nunca habíamos escuchado de este hombre como una figura central en el éxito de Edison; no obstante, Napoleon Hill cuenta la historia de Edwin Barnes, a quién describió como "el hombre que 'utilizó el poder de sus pensamientos' para asociarse con Thomas A. Edison".[21]

Hill relata el primer encuentro entre Edison y Barnes:

> "Estaba de pie ante mí, con la apariencia externa de un vagabundo, sin embargo, había algo en su expresión que transmitía el efecto de que estaba decidido a conseguir lo que se había propuesto. Yo había aprendido, tras años de experiencia, que cuando un hombre desea algo tan fuertemente que está dispuesto a apostar todo su futuro a una sola carta para conseguirlo, tiene entonces asegurado el triunfo".[22]

Hill continúa explicando que Barnes no tenía dinero y que contaba con poca preparación, y que ciertamente no tenía ninguna posición o influencia, "pero tenía iniciativa, fe y la voluntad para ganar. Con estas fuerzas intangibles se hizo a sí mismo el hombre número uno para el más grande inventor que jamás haya vivido".[23] El Sr. Barnes tuvo que esforzarse frente a circunstancias desconsoladoras para conseguir la oportunidad de trabajar en la compañía de Edison, y al hacerlo demostró el poder de la visión para eludir el desánimo e impulsar la disciplina.

Una visión inspirada por un sueño,
reforzada por la disciplina espiritual, tiene
el poder ardiente de incinerar impedimentos,
dudas, decepciones y desalientos.

Esta es probablemente mi historia favorita del libro clásico de Hill que he vuelto a leer tantas veces.[24] Así es como el Sr. Hill explicó el secreto detrás del éxito de Barnes:

> Él no dijo: "Voy a trabajar aquí durante unos meses, y si no recibo ánimo, voy a renunciar y obtener un empleo en otra parte". Lo que dijo fue: "Voy a comenzar en cualquier parte. Voy a hacer cualquier cosa que Edison me pida, pero antes de terminar, seré su socio". No dijo: "Mantendré los ojos abiertos para otra oportunidad en caso de que falle en obtener lo que quiero en la organización de Edison". Dijo: "Solo hay una cosa en este mundo que estoy determinado a tener y es una asociación de negocios con Thomas A. Edison. Voy a quemar todos los puentes detrás de mí, y arriesgaré todo mi futuro sobre mi habilidad de obtener lo que quiero". No se permitió camino posible alguno para la retirada. ¡Tenía que ganar o perecer! ¡Eso es todo lo que está detrás de la historia de éxito de Barnes![25]

Los obstáculos que enfrentó —fuera la carencia inicial de dinero o la falta de transporte para llegar a Nueva Jersey donde se encontraba la organización de Edison o la apariencia menos que atractiva de Barnes que Edison notó de inmediato al conocerlo— no fueron impedimentos. La disciplina espiritual inspirada por una visión clara y apremiante le permitió a Barnes avanzar más allá de su ser egoísta y conectarse con la esencia espiritual de esa visión que le brindó un profundo sentimiento de paz al moverse hacia su realización. En otras palabras, la naturaleza espiritual de la visión de Barnes le infundió un significado trascendente, así como certeza.

Una visión inspirada por un sueño, reforzada por la disciplina espiritual, tiene el poder ardiente de incinerar impedimentos, dudas, decepciones y desalientos. "La visión lo inspirará. La disciplina lo llevará a su destino".[26]

EL OBJETO DE SU DESEO

Dios lo creó con un propósito en mente; y las claves que le ha dado son los deseos que ha sembrado en su corazón. Esos deseos son las semillas del sueño de Dios para usted. Aprenda a soñar con Dios, y —al igual que muchos grandes innovadores, artistas, científicos, inventores, emprendedores, ingenieros o defensores de la justicia social— tómese de su gran sueño por el impacto que usted puede hacer con su única y preciosa vida. Tómese fuertemente de más de todo lo que es posible con Cristo. Desee más. Como la teóloga y autora, Wendy Farley, afirma: "El deseo es lo absurdo que mantiene abierta la infinidad de posibilidades".[27] Y en las palabras de Paul Vernon Buser: "El deseo es como el átomo, es explosivo con fuerza creativa".[28]

Lo animo a que hoy sueñe en grande; a que le quite la tapa a lo que es capaz de imaginar que es posible para usted. "Con demasiada frecuencia rebajamos nuestro potencial y la historia que Dios tiene para nosotros —escribe Charlena Ortiz, fundadora de Grit and Virtue—. Tendemos a inclinarnos hacia la creencia de "algún día" cuando en realidad nuestro algún día es hoy. ¡Sueñe! Elabore un mapa. Luego pregúntese si las decisiones que está tomando hoy se alinean con su visión".[29]

Siga su estrella polar: el objeto de su deseo dictado por su propósito e informado por sus pasiones y valores; eso lo conducirá al destino que ha soñado. En el capítulo siguiente, seguiremos explorando el mundo de la imaginación y cómo lo puede aprovechar para cambiar no solo su propia vida, sino la vida de muchos otros. La transformación es de lo que se trata una visión poderosa. Las mareas de la historia se levantan y disminuyen conforme la valentía de sus visionarios.

> Las horas de fuerte emoción del alma son sus horas luminosas; sus montañas de visión, a partir de donde se ve el paisaje de la vida con una mirada no obstruida, y toma rumbo para su dirección.
>
> —HENRY WARD BEECHER

> La única manera de ser obediente a la visión celestial es dar nuestro máximo para lo altísimo de Dios, y esto solo se puede hacer por medio de recordar continua y determinadamente la visión.
>
> —OSWALD CHAMBERS

• • •

CAPÍTULO CINCO

Reimagine su futuro

> Nada limita el logro como pensar en pequeño; nada
> expande las posibilidades como la imaginación libre.
> —WILLIAM ARTHUR WARD

> Usted posee [...] imaginación: el instru-
> mento con el que uno crea su mundo.
> —NEVILLE GODDARD

LA IDEA DE edificios invisibles que desaparecen suena como si fuera parte de una historia de suspenso de ciencia ficción. Pero no para los sudcoreanos, que están tomando un acercamiento distinto a lo que creen ser una característica sobresaliente de los rascacielos del futuro. Creen que, aunque los rascacielos se han vuelto icónicos en todo el mundo, y muchos son asombrosos, la mayoría tienen la tendencia de obstruir vistas y paisajes hermosos. ¿La solución? La construcción de un edificio de 1,476 pies [449.9 m] de altura llamado Tower Infinity que está diseñado para ser "invisible".

El rascacielos brindará una vista sin obstrucciones del cielo detrás de él por medio de utilizar un sistema de fachada LED. Ha llegado a ser conocido como un avance arquitectónico que ha abierto nuevas posibilidades en el campo de la ingeniería arquitectónica. GDS, una firma de diseño del paisaje con sede en California decidió que era importante innovar los rascacielos con base en algún otro factor más allá de la altura. Hicieron avanzar la industria de la arquitectura por medio de proponer una proeza estructural que inspiraría asombro por medio de "disminuir su presencia" más que las construcciones monolíticas típicas que dominan el perfil de una ciudad.[1] Tal cosa nunca se había escuchado y generó un cambio de paradigma completo en el mundo del diseño ambiental y la estética urbana.

La visión está enfocada en el futuro. Noé visualizó el futuro. No me puedo imaginar a Noé presentando la idea de un barco que flota y que tiene la capacidad de salvar a la gente de ahogarse en una inundación global provocada por un diluvio. ¡Nunca había llovido antes! ¿Y por qué alguien en sus cinco sentidos diseñaría algo que no tiene una utilidad presente? Nadie en las generaciones previas había necesitado algo que se pareciera remotamente al arca siquiera, ese armatoste gigantesco que Dios le ordenó a Noé que construyera. No obstante, con una visión, Dios empoderó a Noé para ser su vaso escogido para, digamos, reiniciar la humanidad, y Noé pudo navegar con seguridad al futuro que lo esperaba.

Cuando utilizamos la perspectiva que nos da la percepción inusual de una visión enfocada en el futuro, podemos ver hacia dónde pueden ir potencialmente nuestro mundo, en general, y nuestras industrias. Cuando lo hacemos, atraemos el futuro hacia nosotros. Como frecuentemente afirmaba Steve Jobs, uno de los grandes visionarios de nuestro tiempo: "Si uno está trabajando en algo emocionante que realmente le importa, uno no necesita ser empujado. La visión tira de uno".[2]

Los visionarios y los generadores de tendencias no solo son capaces de ver hacia el horizonte de posibilidades, sino también son capaces de navegar más allá a lugares que otros temen ir. Solo porque algo no se haya hecho jamás no significa que no se pueda hacer ahora. Los visionarios son individuos que están llenos de fe. Se necesita fe en Dios para creer que Él lo va a empoderar para hacer realidad aquello que le haya revelado como su comisión o propósito. En su tiempo de oración, pídale a Dios que lo ayude a ver los logros para los que lo ha equipado en una manera única. Permita que Dios le dé una visión sin obstrucciones del futuro, y luego ore por la sabiduría, la creatividad y la habilidad creativa para hacerla realidad. La visión no toma en cuenta la situación presente, las circunstancias, la disponibilidad de recursos o la falta de ellos; una visión solamente toma en cuenta las posibilidades, y se las presenta como eventualidades plausibles.

LAS COSAS NO SON COMO PARECEN[3]

El progreso y el desarrollo duradero de la humanidad comienza dentro de los confines de la imaginación de alguien; dentro de la imaginación de un individuo que tiene fe, convicción, valentía y genio innovador para no solo pensar fuera de la caja proverbial, sino para ocuparse incluso en elaborar una caja nueva. Irrumpen en industrias y mercados y cambian la trayectoria de las tendencias sociales y científicas. Utilizan los recursos disponibles y trabajan hasta que sus pensamientos, ideas y sueños se convierten en un producto, bien o servicio mediante dar pasos consistentes de desarrollo hacia su manifestación por medio de la innovación, la diligencia y el trabajo duro. Estos son individuos que arriesgan todo para convertirse en aquello que tienen el potencial de ser. No son definidos por el *statu quo* o por las tapas sociales o culturales que otros colocan sobre ellos ni tampoco por aceptar la vida "como es" (el dicho de: "Así es la vida" ha sido utilizado para entontecer a las masas). En lugar de ello los visionarios marchan al ritmo del propósito y son propulsados por el potencial y la visión.

Usted no tiene que aceptar su vida tal como es, ni tiene que aceptar sus circunstancias presentes. Usted puede vivir la vida de sus sueños más atrevidos. El libro de Juan cuenta la historia de un hombre en el estanque de Betesda que había estado enfermo y sufriendo durante treinta y ocho años. Su enfermedad lo había dejado incapaz de caminar. Pero cuando vino Jesús y lo vio acostado en su lecho le dijo que lo tomara y anduviera (vea Juan 5:1-8). Para mí, el lecho del hombre representa los treinta y ocho años que estuvo soñando con una mejor vida. Pero llegó el momento en el que tuvo que dejar meramente de soñar; tuvo que levantarse en fe y andar. Usted no está limitado a solamente soñar una mejor vida. Usted le puede poner pies a esos sueños por fe y realizarlos comenzando aquí y ahora. Es tiempo de levantarse. Es tiempo de izar las velas de la fe y avanzar hacia la nueva tierra de un destino que es todavía mayor de lo que se imagina.

El libro de Génesis comparte muchas historias del increíble poder de la imaginación. En Génesis 13 leemos que Abraham recibe las siguientes instrucciones del Señor:

> Y Jehová dijo a Abram, después que Lot se apartó de él: Alza ahora tus ojos, y mira desde el lugar donde estás hacia el norte y el sur, y al oriente y al occidente. Porque toda la tierra que ves, la daré a ti y a tu descendencia para siempre [...] Levántate, ve por la tierra a lo largo de ella y a su ancho; porque a ti la daré.
>
> —Génesis 13:14-17

Abraham no recorrió físicamente el largo y el ancho de la tierra en ese momento. Utilizó su imaginación. Dios simplemente le estaba dando la oportunidad de obtener una visión más clara de su futuro con el fin de que sucediera. Abraham, por su parte, tenía que responsabilizarse de la realización de la visión por medio de usar el poder de su propia imaginación. Donde se encuentre dentro de diez años será el resultado directo de lo que su mente sea capaz de concebir que es posible para usted. Repito lo que suelo decir: "Sus pies nunca lo llevarán a donde su mente nunca ha estado".

En su libro *Tropezar con la felicidad* Daniel Gilbert escribe:

> Ver es experimentar el mundo como es, recordar es experimentar el mundo como era, pero imaginar… ah, *imaginar* es experimentar el mundo como no es ni nunca ha sido, sino como puede ser. El mayor logro del cerebro humano es su capacidad de imaginar objetos y episodios que no existen en el plano de lo real, y es esta habilidad lo que nos permite pensar en el futuro. Como señaló un filósofo: el cerebro humano es una "máquina de expectativa" y "hacer el futuro" es su más importante labor.[4]

Una fuerte imaginación desarrollada es una herramienta excelente. Ayuda a orientarlo en la dirección correcta. Es un regalo tremendo con implicaciones asombrosas. Puede ayudarlo a remodelar o incluso recrear su vida o su mundo por medio de inspirar la pasión que le pone viento a sus velas. La imaginación brinda el combustible creativo necesario para inventar, diseñar, ingeniar, escribir, ilustrar, redactar o incluso investigar teorías científicas. El poder creativo de la imaginación juega un papel vital en lograr el éxito en cualquier campo.

> *Deje de pensar en lo que no tiene a*
> *expensas de lo que podría tener.*

Mientras que la imaginación abre nuevos senderos al descubrimiento y a oportunidades fascinantes, debemos tener cuidado con lo que nos permitimos imaginar. La Biblia nos dice que llevemos "cautivo todo pensamiento a la obediencia a Cristo" (2 Corintios 10:5). Tenemos que aprovechar nuestra imaginación. Debemos tirar de las riendas del hilo bobo de nuestros pensamientos para mantenernos positivos con respecto a nuestros deseos; de otra manera podemos generar o atraer eventos, situaciones y personas no deseadas. Si usted no reconoce el poder de su imaginación ni la usa correctamente, y en lugar de ello la deja correr sin control, las experiencias de su vida quizá no reflejen sus verdaderos deseos.

La falta de entendimiento del poder de la imaginación se puede conectar con las dificultades, fracasos e infelicidad que muchas personas experimentan. Por alguna razón, la mayoría de las personas se inclinan a pensar negativamente. No esperan el éxito. Esperan lo peor, y cuando fallan, creen que el destino está en su contra. Cuando esta actitud cambia —cuando la imaginación es utilizada eficazmente, con lo cual se cambian las expectativas— entonces la vida mejora correspondientemente.

Es momento de dejar de pensar en lo que no tiene a expensas de lo que podría tener. No puede comenzar donde no se encuentra; usted solo puede comenzar a partir de dónde está y de quién es usted ahora.

EL OJO DE LA MENTE

La palabra *imaginar* significa "hacer una imagen de uno mismo", del latín *imago*, que significa "imagen".[5] En otras palabras, la imaginación es la imagen de las cosas dentro de su mente. Es la capacidad de formar una representación mental de algo que actualmente no se puede percibir con sus sentidos. Cuando hablo de esto con mis clientes de Coaching Ejecutivo de Vida, lo defino como la habilidad de construir escenas, objetos o eventos en la mente que nunca habían existido. Explico que usted puede llegar a ser lo que desee si lo puede ver en su mente. Requiere que usted se mueva del dominio del deseo al plano más alto de formar la imagen exactamente como usted quiere que sea en el ojo de su mente.

Las visiones son motivaciones espirituales poderosas que brindan inspiración. El consultor de liderazgo y autor Ian Wilson escribe:

> El poder de la visión se deriva de su habilidad de capturar el corazón y la mente de los miembros de una organización al establecer una meta que es al mismo tiempo factible y edificante. Puede reforzar el empoderamiento que la mayoría de las organizaciones hoy buscan promover. Enfoca pensamiento y acción, brindando tanto la preparación como la puntería —como en "preparen, apunten, fuego"— para decisiones estratégicas y tácticas, ayudando a asegurar la consistencia en la toma de decisiones. Es la estrella que dirige a la organización.[6]

Un amplio porcentaje de personas piensan en una manera ilusionada; hacen castillos en el aire. No imaginan deliberadamente, y, por lo tanto, no producen el resultado deseado. La imaginación es un gatillo que impulsa a la mente a pensar en una manera más expansiva. Nuestros pensamientos entonces comienzan a generar ideas que son capaces de convertir nuestros sueños en realidad. Si la gente del pasado hubiera fallado en utilizar su poder de imaginación nuestros coches, celulares y televisiones 4D no existirían. Todos tenemos la capacidad de imaginar, pero solamente unos pocos la aprovechan con eficacia.

Una vez más, escuche lo que dijo Dios con respecto a la imaginación: "Y nada les hará desistir ahora de lo que han pensado hacer" (Génesis 11:6). Todos tenemos la capacidad de imaginación para curar enfermedades que han desconcertado a la humanidad por décadas, para terminar con el hambre mundial y para detener las disparidades de riqueza cada vez mayores. Tenemos la libertad de usar esta herramienta magnífica cada vez que queremos transformar nuestros sueños en realidad y mover a la humanidad hacia adelante.

EL PRINCIPIO DEL POTENCIAL

La visión le da la oportunidad de conectarse con su potencial. El potencial en pocas palabras es: "habilidad dormida, poder reservado, fuerza a la que uno no se ha conectado, éxito no utilizado, talentos escondidos [y], capacidad cerrada".[7] Los problemas de nuestro mundo con frecuencia se quedan sin resolver, inmensas cantidades de potencial permanecen enterradas. Los avances de la industria nunca suceden porque no comprendemos que los dones necesarios solo son descubiertos en medio de la crisis. Una crisis en una familia, una comunidad, la industria, el gobierno o la nación tiene el poder de activar el potencial de los que están enfrentando la crisis.

Cada uno de nosotros es responsable de cultivar nuestro potencial dado por Dios. Debemos aprender a entender nuestro potencial y usarlo con eficacia. Con demasiada frecuencia nuestros éxitos y fracasos pasados evitan que utilicemos nuestro potencial latente. El éxito se convierte en un enemigo que provoca que nos conformemos con lo que tenemos, lo que hemos adquirido y demás. El fracaso se convierte en nuestro enemigo cuando nos convence de que no podremos obtener cualquier éxito futuro porque hemos fracasado en el pasado.

No permita que quién es usted hoy sabotee el potencial de quién puede ser mañana. ¡No crea la mentira de que no tiene lo suficiente o que no es lo suficiente! La visión le dará el poder de proseguir al siguiente nivel; y a medida que continúe, obtendrá justo lo que necesita para proseguir hacia su siguiente meta o sueño. Su pasado no es lo que predice su futuro. El potencial exige que en el presente usted visualice la asombrosa persona en la que todavía está por convertirse.

Tanto el éxito como el fracaso tienen una fecha de inicio y una fecha de caducidad, pero el potencial es interminable, ilimitado y eterno (Eclesiastés 3:11). ¿Qué está esperando cuando Dios ha puesto el mundo en su corazón en forma de potencial? "El potencial nunca tiene un plan de retiro".[8] El potencial se rehúsa a estar satisfecho con los logros del año pasado o con regodearse en los fracasos de ayer. El potencial nunca se puede agotar. Rehúsese a ponerle una tapa a la anchura, altura y profundidad de su sueño y de su visión. Rehúsese a permitir que lo que no puede hacer interfiera con lo que sí puede hacer. Lo que usted ve en lo natural no es todo lo que hay. Los salmos nos dicen: "Y el íntimo pensamiento de cada uno de ellos, así como su corazón, es profundo" (64:6). Usted es más de lo que el ojo puede ver.

Myles Munroe dijo: "Con el fin de hacer realidad su máximo potencial, nunca debe estar satisfecho con su último logro".[9] Conozco empresarios que se detienen al producir miles cuando tienen el potencial de hacer millones. Conozco otros que hacen millones, pero que tienen el potencial de hacer millardos. Conozco personas talentosas que tienen el potencial de ser médicos, pero que se conformaron con ser enfermeros. Conozco algunas personas asombrosas quienes podrían tener su propio despacho jurídico, pero se han resignado a tener una carrera como asistentes legales. Conozco otros que podrían ser dueños de su propia casa, pero siguen rentando, no obstante, están pagando lo mismo de renta que lo que pagarían por una hipoteca.

En su libro *Uncover Your Potential* [Descubra su potencial], Munroe dijo lo siguiente para ilustrar el poder del potencial:

> Si tuviera una semilla en la mano y le preguntara: "¿Qué ve en mi mano?". ¿Qué diría? Quizá respondería lo que parece obvio: una semilla. No obstante, si entendiera la naturaleza de una semilla, esa respuesta sería *información* no la *verdad*. La verdad es que estoy sosteniendo un bosque en mi mano. ¿Por qué? Porque en cada semilla hay un árbol, y en cada árbol hay fruto o flores con semillas en ellas. Y estas semillas también tienen fruto que tiene semillas, que tienen árboles que tienen fruto que tiene semillas, etcétera. En esencia, *lo que usted ve en lo natural no es todo lo que hay. Eso es potencial. No lo que es, sino lo que podría ser.*[10]

Dios, nuestro Creador, colocó la semilla de cada cosa dentro de sí misma (Génesis 1:12). Puso potencial dentro de cada ser viviente que creó, incluyéndolo a usted. Usted tiene la semilla del potencial plantada dentro de su ADN para hacer lo que Dios lo ha comisionado. Sería una tragedia que no se diera cuenta de todo el potencial que fue puesto divinamente dentro suyo por el Dios que lo formó en el vientre de su madre (Salmo 139:13). No permita que el ancla del temor lo mantenga atracado en una bahía cuando tiene el potencial de estar deslizándose por el agua a toda vela. Tome la decisión de que no le estará robando al mundo las habilidades, fortalezas y talentos que le fueron dadas por el Padre celestial que le encanta dar buenas cosas a sus hijos (Mateo 7:11). Es tiempo de levar anclas y hacerse a la mar.

Haga esta afirmación en voz alta para sí mismo cada vez que el espíritu de temor intente desalentarlo de actuar: "Ahora nada me será restringido de lo que me imaginé haciendo". Cuando declare esto, nada le será restringido, y usted manifestará lo mejor de Dios para su vida. Imagínelo, actúe y viva su sueño.

Durante años, he utilizado la siguiente compilación de varias versiones de Job 22:28 como mi lema personal, y finalmente se convirtió en el ímpetu para mi libro *Declara bendición sobre tu día*:

> Determinarás asimismo una cosa…
> Decidirás una cosa…
> Tendrás éxito en todo lo que emprendas…
> Tomarás decisiones
> y te será firme…
> ¡Se te realizará!

CAMBIE SU MANERA DE PENSAR

¿Pudiera ser que las cosas son como son porque usted es así? ¿Qué cosa podría cambiar que lo cambiaría todo? Es simple. Proverbios 23:7 dice: "Porque cual es su pensamiento en su corazón, tal es él. Así que, si usted quiere cambiar, cambie su manera de pensar.

Tantas personas quieren tener una mejor vida, pero continuamente hacen lo mismo una y otra vez. Mucha gente tiene sueños que dejan morir porque ir en pos de sus sueños requiere que hagan algo difícil o incómodo. Podría significar que tienen que alejarse de lo que les ha brindado seguridad, como un empleo que paga las cuentas. También podría significar alejarse de relaciones o asociaciones que ya no tienen la capacidad de llevarlos adelante.

Nunca permita que quién es hoy sabotee lo que podría ser en el futuro. ¡Rehúsese a permitir que su historia interfiera con su destino! No permita que la manera en que usted se ve hoy inhiba en quién tiene el potencial de convertirse mañana. ¡Piense para obtener un cambio! Piense en todo lo que es posible. Piense en el increíble potencial que usted tiene para efectuar un cambio. ¡Piense en todo lo puede hacer en Cristo que lo fortalece (Filipenses 4:13)! Piense en el poder generador de su imaginación hecha por Dios y en la fuerza de transformación de sus habilidades de innovación.

Napoleon Hill señaló con respecto a que nuestros pensamientos se convierten en realidades físicas que no hay diferencia entre los pensamientos destructivos y los pensamientos constructivos, entre los pensamientos negativos y los pensamientos positivos.[11] Por eso es que debemos tener en mente lo que Pablo le escribió a los Filipenses: "Por lo demás, hermanos, todo lo que es verdadero, todo lo honesto, todo lo justo, todo lo puro, todo lo amable, todo lo que es de buen nombre; si hay virtud alguna, si algo digno de alabanza, en esto pensad" (4:8).

Debemos ser intencionales con respecto a enfocar nuestra mente en nuestra visión. Debemos llegar a estar tan conscientes de la visión que el deseo de cumplir con éxito la visión nos impulse a crear planes definidos para lograrla. ¿Por qué alguien le permitiría al enemigo seducirlo a vivir una vida de restricción cuando Dios lo ha llamado a un plano de potencial ilimitado? Tenemos este tesoro de posibilidades infinitas —de eternidad— dentro de nosotros (Eclesiastés 3:11).

LIBERE SU MENTE

Lo único que nos está deteniendo de vivir la vida de nuestros sueños es nuestra mente. Nuestra mente es el mecanismo que nos mantiene cautivos y nos mantiene encadenados a nuestro pasado, o anclados en un presente por el que nos sentimos limitados o restringidos. Si usted se está sintiendo cautivo, oprimido, ciego o quebrantado, Jesucristo vino por usted. Fue enviado por Dios para liberarnos explícitamente, para ayudarnos a ver más allá de nuestras circunstancias actuales, para sanar nuestro corazón y darnos esperanza. Nos dijo que Dios lo envió para "pregonar libertad a los cautivos, y vista a los ciegos; a poner en libertad a los oprimidos" (Lucas 4:18). ¿Podría ser ese usted? ¿O podría ser esa un área de su vida por la que ha luchado por soltarse; de la duda de usted mismo, de la vergüenza, la culpa o el temor?

Usted ha sido llamado a estar firme en la libertad con la que Cristo lo hizo libre (Gálatas 5:1), así que, si se siente atorado en alguna área, quisiera ayudarlo a avanzar más allá de ella para que pueda posicionar su corazón para activar su mayor potencial. Antes de que pueda visualizar su futuro y actuar sobre esa visión, necesita eliminar las limitaciones percibidas que están arraigadas en su mente; esas fortalezas mentales que están evitando que avance. Este es el enfoque de mi libro *Reclaim Your Soul* [Reclame su alma]; este es un proceso tan transformador, que escribí todo un libro al respecto. No deje de lado este paso crucial para empoderarse a sí mismo con el fin de generar un cambio significativo, perdurable: es la clave para la resiliencia personal. No obstante, ese no es el enfoque de este libro, así que solo lo guiaré brevemente en un ejercicio sencillo que creo que encontrará útil.

Si se siente atorado debido a la incapacidad de avanzar más allá de una experiencia del pasado "su cerebro subconscientemente se está relacionando con ello como si todavía estuviera sucediendo en este momento", señalan Marc y Angel Chernoff, coautores de *Getting Back to Happy* [Cómo volver a ser feliz]. "Es cazar patrones en una manera inadecuada en el presente". Los Chernoff ofrecen la siguiente solución de dos pasos. Sugieren que primero nos preguntemos: "¿Qué experiencia pasada específica y qué sentimientos asociados me recuerda esto?". Segundo, recomiendan hacer una lista de todas las maneras en que sus circunstancias actuales difieren de esa experiencia pasada. "Repase las diferencias una y otra vez hasta que las memorice por completo. Esto puede ayudarle a darse cuenta y recordar que las circunstancias verdaderamente han cambiado".[12]

Su mente subconsciente olvida que sus capacidades han crecido. Una hermosa ilustración de esto se encuentra en una historia clásica que se narra sobre cómo se domestica a los elefantes.

Los encargados del zoológico suelen colocar una delgada cadena metálica en la pata de un elefante adulto y luego fijan el otro extremo a una pequeña estaca de madera que es clavada en la tierra. El elefante de diez pies o tres metros de altura que pesa diez mil libras o cuatro toneladas y media podría fácilmente romper la cadena, arrancar la estaca y escaparse con un mínimo esfuerzo. Pero no lo hace. De hecho, el elefante ni siquiera lo intenta. El animal terrestre más poderoso del mundo, que puede desarraigar fácilmente un árbol con tanta facilidad como uno podría romper un mondadientes, permanece en derrota por una pequeña estaca y una frágil cadena.

¿Por qué? Porque cuando el elefante era un bebé, sus entrenadores usaron exactamente los mismos métodos para domesticarlo. En ese tiempo, la cadena y la estaca eran lo suficientemente fuertes para contener al elefante bebé. Cuando trataba de huir, la cadena de metal lo detenía. Pronto el elefante bebé cayó en cuenta de que era imposible tratar de escapar. Así que dejó de intentarlo. Ahora que el elefante es todo un adulto, ve la cadena y la estaca y recuerda lo que aprendió de bebé: es imposible escapar de la cadena y la estaca. Por supuesto, esto ya no lo puede detener. No importa que el bebé de doscientas libras o noventa kilogramos ahora es un potente animal de diez mil libras o cuatro toneladas y media. Los pensamientos y creencias que autolimitan al elefante prevalecen.[13]

Somos sumamente parecidos a ese elefante, todos crecidos, pero acondicionados por nuestras limitaciones autoimpuestas y nuestros paradigmas de carencia, fracaso y mentalidad de apenas pasarla; estamos condicionados a siempre pensar y actuar como seguidores cuando de hecho somos líderes; y estamos condicionados a fracasar cuando estamos diseñados internamente para tener éxito. Todos tenemos un poder increíble dentro de nosotros porque "el Espíritu de aquel que levantó de los muertos a Jesús mora en nosotros" (Romanos 8:11). Todos tenemos nuestras cadenas y estacas; las creencias autolimitantes que nos detienen sean experiencias de la niñez, fracasos pasados o mentiras que se nos dijeron que hemos escogido creer. Actúan como percebes o como exceso de carga o anclas que tienen el propósito de desaclerarnos, cargarnos o evitar que nos movamos por completo. Pero con la ayuda de Dios podemos deshacernos de ellas y comenzar a navegar hacia el horizonte.

APRENDA DEL PASADO Y DÉJELO IR

Para desarrollar lo que se necesita para nuestra continua transformación, crecimiento, éxito y prosperidad, debemos estar dispuestos a aprender de nuestro pasado: de cada revés, caída, fracaso, mal paso, decepción, herida o dolor. No cerremos los ojos; más bien consideremos de qué manera podríamos aprovecharlos como oportunidades para crecer. Todo se trata de desarrollo de capacidad. Cada lucha que enfrentemos hoy está desarrollando la fuerza que necesitaremos mañana.

En mi libro *Prevail* [Prevalece] entro en detalles de cómo podemos desarrollar nuestras fortalezas en lugares difíciles. ¿Cuáles son las lecciones que hemos aprendido de la adversidad pasada que nos podrían ayudar ahora? En lugar de regodearnos en el remordimiento, consideremos cómo podríamos capitalizar sobre esas experiencias. Encontremos las ventajas que podemos aprovechar para subir y levantarnos a un nivel mayor de experiencia, autoridad e influencia. ¿En qué manera nuestro pasado nos ha preparado para ser más determinados, más enfocados, más autodisciplinados, más perceptivos, más generosos, más resilientes o más compasivos? Cambie su enfoque hacia lo que ha obtenido, aprendido o logrado por medio del dolor y la lucha.

"Olvidando ciertamente lo que queda atrás" no significa que no podamos aprender de las cosas de nuestro pasado incluso a medida que proseguimos hacia la meta (Filipenses 3:13-14). Lo que sí significa es que podemos cortar con el apego emocional al dolor que acompaña ese recuerdo. Sentémonos con ello y utilicémoslo como maestro. Así como podemos aprender de nuestros deseos, también aprendamos de lo que se les opone. La resistencia que encontramos podría estar diciéndonos algo. Así como necesitamos despertar a las posibilidades a nuestro alrededor de las que hablamos en el capítulo 3, quizá necesitemos despertar a la luz que Dios nos está mostrando en los obstáculos que encontramos. Es simplemente cuestión de estar despiertos; de esa conciencia plena de la que ya hablamos.

Me viene a la mente el mandamiento de Pedro: "¡Estén alerta! Cuídense de su gran enemigo" (1 Pedro 5:8, NTV). ¿Por qué? Porque tenemos un adversario que está buscando generar adversidad en nuestra vida. La Biblia dice que el enemigo viene para "hurtar y matar y destruir" (Juan 10:10). También dice que nuestro "adversario el diablo, como león rugiente, anda alrededor buscando a quien devorar" (1 Pedro 5:8). ¿Y por qué? Porque está tratando de evitar que cumplamos con nuestro propósito. Está tratando de evitar que vivamos al máximo conforme al destino que hemos soñado. Está tratando de mantenernos alejados de la vida abundante que Dios quiere que tengamos (Juan 10:10). Sabiendo que nuestras acciones hoy determinarán nuestro destino mañana, preguntémonos esto hoy: ¿qué cosa buena está tratando de evitar que lo logremos? Discernámosla por lo que es, y mantengámonos firmes: "Manténganse firmes contra él [diablo] y sean fuertes en su fe" (1 Pedro 5:9, NTV).

Así es cómo desarrollamos nuestra capacidad de cumplir con la visión que le voy a ayudar a generar en la siguiente sección. Fraguar la visión, lo positivo, la visualización y la afirmación son herramientas que están fundamentadas en verdades bíblicas, pero que han sido secuestradas por los no creyentes en lo que muchos llaman círculos de la Nueva Era. Lo que los defensores del "Nuevo Pensamiento" promueven es meramente una falsificación de las leyes espirituales delineadas en la Biblia; principalmente de los principios que rodean la activación de nuestra fe. Mientras que hay cosas que vale la pena tomar de la ciencia secular y los líderes de pensamiento en esta arena, debemos depender del Espíritu Santo para ayudarnos a separar el grano de la paja.

El avance de cualquier tipo a menudo es incómodo al principio, pero estirar sus límites de modo que pueda desarrollar su capacidad para lograr cosas mayores es la única manera de comenzar a vivir la vida de sus sueños. Nada que valga la pena viene fácil. Incluso levantarse de la cama temprano en la mañana se puede sentir desafiante. Pero lo hacemos por la expectativa que tenemos de lo que nos deparará el día. Nos preparamos para una entrevista de trabajo difícil con la esperanza de una carrera más satisfactoria; sudamos y levantamos pesas por la recompensa de un cuerpo con mejor condición y más saludable; entrenamos y perseveramos con el fin de ganar; nos preparamos para obtener "el premio del supremo llamamiento de Dios" (Filipenses 3:14). Cualquier cosa que sea digna de ir en pos de ella requiere fortaleza y determinación; y requiere fe.

En una entrada de blog que trataba acerca de dejar ir y soltarse, los Chernoff escribieron:

> Demasiadas personas tienen temor a lo desconocido, están cómodas con poner la menor cantidad de esfuerzo y no están dispuestas a soportar dolor a corto plazo para una ganancia a largo plazo [...] el crecimiento y el progreso requieren incomodidad. Cada vez que estiramos nuestros músculos intelectuales, emocionales y físicos, se levanta incomodidad justo antes de realizar algún progreso. En todas las esferas de la vida, al comprometernos con pasos continuos, pequeños, incómodos, hacia adelante, podemos sortear la mayor barrera contra el cambio positivo: el temor.[14]

Recuerde que "no nos ha dado Dios espíritu de cobardía, sino de poder, de amor y de dominio propio" (2 Timoteo 1:7). No espere un solo momento para descargar el peso adicional que lo está agobiando para que pueda navegar directamente hacia todo lo que el futuro tiene para usted. No se deje tentar para echar el ancla en el océano del remordimiento. Su mejor vida se encuentra del otro lado de su zona de confort. ¡Reimagine su futuro y determine un nuevo destino! Aprenda del pasado y luego deshágase de cualquier cosa que no le brinde valor en su jornada a un mejor mañana.

> Hoy es un nuevo día. ¡No permitamos que nuestra historia interfiera con nuestro destino! Que hoy sea el día en que dejamos de ser víctimas de nuestras circunstancias y comenzamos a tomar acción hacia la

vida que queremos. Tenemos el poder y el tiempo para darle forma a nuestra vida. Liberémonos de la mentalidad venenosa de víctima y abracemos la verdad de nuestra grandeza. ¡No fuimos pensados para una vida mundana o mediocre!

—STEVE MARABOLI

Nada paraliza más que la actitud de que las cosas nunca pueden cambiar. Necesita recordar que Dios puede cambiar las cosas. La perspectiva determina el resultado. Si solo ve problemas será derrotado; pero si ve las posibilidades en los problemas, podrá tener victoria.

—WARREN WIERSBE

CAPÍTULO SEIS

Renueve su mente

El estado natural del cerebro está lejos de la posibilidad, de modo que debamos inclinarnos
conscientemente hacia nuestra mejor vida.
—ROBERT COOPER

Transformaos por medio de la renova-
ción de vuestro entendimiento.
—ROMANOS 12:2

L A MAYORÍA DE nosotros subestimamos el poder de la
mente. Y los de entre nosotros que lo reconocemos con
frecuencia no lo entendemos realmente. Por eso siento un
afecto especial por el trabajo de mi amiga Caroline Leaf,
quien ha abierto el mundo de la mente para los muchos
que han leído sus libros, asistido a sus conferencias o visto
su programa de TV. En un lenguaje común y cotidiano,
ayuda a sus audiencias a entender la manera en que la
mente funciona y cómo pueden hacer "trabajar su mente"
para su propio bien mayor. Ella ha traído los misterios de
la neurociencia a las masas; y ha demostrado cómo Dios
está trabajando no solo en nuestro corazón, sino también
en nuestro cerebro.

Lo que sucede en el cerebro es una metáfora profunda
de lo que vemos suceder en el mundo a nuestro alrededor;
nuestro mundo externo y las cosas que ocurren en la

sociedad y en la naturaleza son un reflejo del mundo interno de nuestros pensamientos. La biología de nuestro cerebro es simplemente otro testimonio del poder de la Palabra de Dios en acción en todas las cosas; poder que se hace efectivo por medio de nuestros pensamientos llenos de fe (1 Tesalonicenses 2:13). Estamos hechos con la capacidad neurológica de catalizar cualquier tipo de cambio que queramos ver en nuestra vida; sea relacionado con nuestra sanidad o nuestra felicidad, o con la sabiduría necesaria para resolver los problemas más abrumadores del mundo.

En su libro *Enciende tu cerebro* Caroline Leaf afirma: "Los pensamientos son cosas físicas reales que ocupan espacio mental. Momento a momento, todos los días, estamos cambiando la estructura de nuestro cerebro por medio de los pensamientos. Cuando esperamos, es una actividad de la mente que cambia la estructura de nuestro cerebro en una dirección positiva y normal".[1] También afirma:

> Nuestras decisiones —las consecuencias naturales de nuestros pensamientos e imaginación— penetran "bajo la piel" de nuestro ADN y pueden encender y apagar ciertos genes, cambiando la estructura de las neuronas de nuestro cerebro. Así que nuestros pensamientos, imaginación y decisiones pueden cambiar la estructura y la función de nuestro cerebro en todos los niveles.[2]

La ciencia está probando la verdad de Proverbios 23:7 que el hombre es tal cual es su pensamiento en su corazón. Hay tanto que podemos aprender de la mecánica de nuestro cerebro; en especial la manera en que le podemos practicar reingeniería para que sirva a nuestras necesidades.

Ahora se han abierto campos completamente nuevos en neuropsicología, neurolingüística, neuroliderazgo y más[3] basadas en la neuroplasticidad del cerebro: la habilidad del cerebro para cambiar y reorganizarse por medio de formar patrones nuevos de conexiones sinápticas.[4] Lo que la ciencia llama "neuroplasticidad" la Biblia lo llama renovar la mente (Romanos 12:2).

Esto es lo que, en parte, nos ayuda a hacer la práctica de la visualización: nos ayuda a renovar nuestra mente. La visualización es tomar lo que nos hemos imaginado y enfocar nuestra mente, voluntad y emociones en ese resultado deseado en particular, de tal manera que se convierta en los lentes por medio de los que no solamente podamos ver, sino también participar en el mundo a nuestro alrededor. Cambiamos intencionalmente nuestra mente y enfocamos nuestros pensamientos, formando nuevos patrones de pensamiento. Los nuevos patrones de pensamiento producen los circuitos neuronales que nos dirigirán hacia adelante, produciendo transformación y generando un cambio en nuestra percepción —o consciencia— lo cual es comúnmente llamado un "cambio de paradigma".

¿Por qué es tan importante? Porque, como afirma Brian Tracy: "Lo que atraemos a nuestra vida, está en armonía con nuestros pensamientos dominantes".[5] Por lo tanto, si nuestros pensamientos dominantes están cargados negativamente, atraeremos experiencias cargadas negativamente. Como lo dice Tracy en pocas palabras: "Somos un imán viviente".[6] Por eso, escribe el filósofo moderno Neville Goddard, "es necesario un cambio de consciencia antes de poder cambiar nuestro mundo exterior".[7]

ACTUALICE SU CONSCIENCIA

Según Goddard, "la consciencia de un hombre es todo lo que piensa y desea y ama, todo lo que cree que es verdad y a lo que consiente".[8] En 1952, publicó su clásico fundamental, *El poder de la consciencia*, en el que introdujo el concepto y la práctica de ponerse mentalmente donde uno se ve. En detalle explicó cómo crear un estado presente de consciencia de ese ser futuro, donde uno ya se haya convertido en esa persona y esté experimentando como se *sentiría estar en ese estado futuro*. Uno viaja por el tiempo en su mente y experimenta mentalmente ese estado futuro de ser. Goddard observó la importancia de asumir el *sentimiento* de que nuestra meta ya hubiese sido obtenida. Escribió: "Usted no atrae lo que desea; atrae lo que cree que es verdad".[9]

La forma en que creamos tiene un efecto fisiológico en nuestro cerebro; por medio de cambiar lo que creemos, tenemos la capacidad de reconectarlo para servir a nuestras necesidades. "Estaba extasiado por la nueva comprensión de que podía cambiar el carácter de mi vida mediante cambiar mis *creencias* —escribe Bruce Lipton en su libro revolucionario *La biología de la creencia*—. Caí en cuenta de que había un sendero basado en la ciencia que me llevaría de mi trabajo como "víctima" perenne a mi nueva posición como "cocreador" de mi destino".[10] Nuestras creencias son poderosas, principalmente porque determinan cómo nos conectamos emocionalmente con lo que experimentamos; determinan la manera en que respondemos psicofisiológicamente a los eventos; en otras palabras: cómo nos hacen sentir. Según Lipton "nuestras creencias controlan nuestro cuerpo, nuestra mente y, por lo tanto, nuestra vida".[11]

*¡Debemos despertar a nuestra verdadera
identidad y potencial en Cristo!*

Siempre he encontrado interesante que justo en medio de
la Gran Depresión, Napoleon Hill escribiera su clásico *Piense
y hágase rico*. Aparentemente tocó una fibra sensible con los
lectores. Ahora, más de ochenta años después de que fue
publicado, va vendido más de 100 millones de ejemplares.[12]
En él, Hill escribe: "Todos los pensamientos que han sido
emocionalizados (se les ha dado sentimientos) y se han
mezclado con fe, comienzan de inmediato a traducirse en su
equivalente o contraparte físico. Las emociones, o la porción
"sentimental" de los pensamientos, son los factores que le
dan a los pensamientos vitalidad, vida y acción".[13]

Dicho lo cual, si queremos cambiar nuestras
circunstancias futuras, debemos primero cambiar nuestro
estado de consciencia; y al hacerlo, cambiaremos lo que
creemos y, por lo tanto, cómo nos sentimos. Pablo escribió
en Romanos acerca de este mismo principio: todo nuestro
ser es transformado cuando nuestra mente es transformada
(Romanos 12:2). Con el fin de que suceda la transformación,
la base entera de sus pensamientos —su estado de
consciencia— debe cambiar, debe ser renovado. Creo que
esto es lo que la Biblia nos instruye que hagamos con su
directiva: "Despiértate, tú que duermes; levántate de los
muertos, y Cristo te dará luz" (Efesios 5:14, NTV).

La mayoría de nosotros estamos caminando dormidos por
la vida, en un estado comatoso como los muertos vivientes
(tengo que preguntarme si esta es la razón por la que los
programas y películas de zombis y el apocalipsis zombi

se han vuelto tan populares. ¿Serán un comentario sobre el estado de la sociedad moderna?). ¡Debemos despertar a nuestra verdadera identidad y a nuestro verdadero potencial en Cristo! Cuando lo hagamos, sucederá "que el día esclarezca y el lucero de la mañana salga en vuestros corazones" (2 Pedro 1:19). Esa luz es el conocimiento de la verdad. Donde la oscuridad representa ignorancia y la luz conocimiento. "Nuestra perspectiva siempre se ve limitada por cuánto conocemos —escribe Lipton—. Expandamos nuestro conocimiento y transformaremos nuestra mente".[14]

ENERGÍA EN MOVIMIENTO

La luz es una forma de energía. Es definida por ondas de energía que irradia. Cuando algo irradia, no solo se esparce, sino que también atrae. ¡Pensemos en la radiante gloria de Dios! Pensemos en cuando esa gloria nazca en nosotros como profetizó Isaías sobre el pueblo de Dios, como "andarán las naciones" a su luz (Isaías 60:1; 60:3). Este es el mismo poder "radiante" en acción en sus pensamientos y palabras llenos de fe. En una manera correspondiente, los pensamientos y palabras llenas de duda e incredulidad repelen la luz; y en la ausencia de luz la oscuridad penetra rápidamente. La oscuridad es definida como la "falta de iluminación o una ausencia de luz visible".[15] Dicho simplemente, donde no hay luz, habrá oscuridad.

Así que echemos una mirada a cómo esto sucede cuando se trata de nuestros pensamientos. La física cuántica nos dice que la realidad está hecha de vibraciones de energía, incluyendo nuestros pensamientos. El autor Peter Baksa, al escribir para *The Huffington Post*, lo explica de esta manera:

> Nuestro cerebro está compuesto de una apretada red
> de células nerviosas, todas interactuando entre sí
> y generando un campo eléctrico. Este campo eléc-
> trico es detectable con equipo médico estándar. Sus
> ondas cerebrales son simplemente la superposición
> de multitud de estados eléctricos siendo formados
> por nuestro sistema nervioso [...] Siendo un campo
> eléctrico, todos esos patrones de ondas eléctricas su-
> perpuestos que componen sus ondas cerebrales están
> gobernados por las mismas ecuaciones que gobiernan
> el espectro electromagnético, luz, partículas y todo lo
> demás en el universo. La luz visible que proviene de
> una estrella y la energía de su mente son de uno y el
> mismo tipo.[16]

Así como las corrientes eléctricas generan campos
electromagnéticos —conectando las cargas positivas y
negativas— nuestros pensamientos generan un campo
similar. Sus pensamientos positivos atraen adjuntos
positivos; sus pensamientos negativos atraen adjuntos
negativos. Por eso es tan importante llenar nuestra mente
con la Palabra de Dios. Nuestra fe nos conecta con Dios,
lo cual nos conecta con pensamientos de bien y no de
mal (Jeremías 29:11). La Escritura dice: "El justo por la
fe vivirá" (Romanos 1:17; Gálatas 3:11; Hebreos 10:38); esa
fe nos permite levantar los ojos de nuestra alma para ver
por encima de la superficie con el fin de enfocarnos en los
recursos ilimitados disponibles en Él.

Siempre que tengamos nuestro enfoque en Dios, se
lleva nuestro temor, nuestras dudas, nuestra frustración y
nuestra incredulidad; estas son emociones que obstruyen su
alma y su mente consciente. Por lo tanto, se debe renovar

el espíritu de la mente (Romanos 12:2). Estamos hablando acerca de una metamorfosis completa en la mente natural de modo que seamos capaces de pensar los pensamientos sobrenaturales de Dios con respecto a nosotros mismos. Nuestra mente es una maquinaria magnífica que ha sido creada por Dios; puede ser utilizada ya sea para atraer la luz o para atraer la oscuridad.

¿Alguna vez ha escuchado la frase *mente sobre materia*? Para mí significa que los pensamientos de la mente tienen un efecto directo sobre el cerebro, que es materia; los impulsos neurológicos de nuestros pensamientos impactan cada faceta de nuestra vida y de nuestro ser. Por eso leemos en Proverbios: "Porque cual es su pensamiento en su corazón, tal es él" (23:7). Aseguremos de que no haya nada en nuestro corazón generando una fuerza magnética que esté ahuyentando el bien y trayendo el mal hacia usted (Filipenses 4:8). El secreto del éxito y la prosperidad en la vida cristiana está escondido en lo que meditamos. Dios le instruyó a Josué que meditase día y noche en su Palabra: "Solamente entonces prosperarás y te irá bien en todo lo que hagas" (Josué 1:8, NTV).

Cuando tratamos con la imaginación —el proceso que nos lleva al futuro— la mente no puede distinguir si los impulsos intelectuales están siendo disparados por eventos pasados o futuros; son disparados desde un eterno presente que ya existe. Creo que esta es la razón por la que se nos dice en Eclesiastés: "Él sembró la eternidad en el corazón humano" (3:11, NTV). Como lo que está dentro de nosotros viene a nosotros, aseguremos de que el Reino de Dios esté entre nosotros (Lucas 17:21) y no algo más.

Por eso nuestra imaginación es de tan vital importancia:

nuestros pensamientos y nuestras ideas. Dios reveló esta
verdad en el primer libro de la Biblia cuando afirmó:
"Nada les hará desistir ahora de lo que han pensado hacer"
(Génesis 11:6).

Nuestros pensamientos van a atraer las cosas que
dominan en nuestra mente. Una mente que está llena de
fe es poderosa, positiva, esperanzada y llena de paz; está
limpia del desorden de la preocupación, la duda, el temor,
la ansiedad, la ofensa y demás. Por lo tanto, atraemos el
bien y repelemos el mal. Veamos a través de los ojos de la fe
(2 Corintios 5:7). No es lo que nos sucede lo que nos forma
y determina nuestra trayectoria en nuestra vida; es nuestra
percepción de lo que nos sucede. Son los lentes por medio
de los que nuestra mente ve el mundo lo que le da forma
a nuestra realidad. "Podemos controlar nuestra vida por
medio de controlar nuestras percepciones", observó Bruce
Lipton.[17] Si podemos cambiar los lentes y convertirlos en
algo positivo, el resultado —sin importar con qué se esté
enfrentando, sin importar lo difíciles que se pongan los
tiempos— solo puede ser bueno, porque la Biblia dice: "Y
sabemos que a los que aman a Dios, todas las cosas les
ayudan a bien" (Romanos 8:28).

No solo podemos cambiar el nivel de nuestra felicidad,
sino que podemos cambiar el nivel de cada faceta de nuestra
vida cuando comenzamos a comprender que no es lo que
nos está sucediendo, sino lo que está pasando dentro de nosotros. David oró: "Crea en mí, oh Dios, un corazón limpio,
y renueva un espíritu recto dentro de mí" (Salmo 51:10).
Cuando se trata de limpiar el desorden dentro de nuestra
mente consciente, es la obra del Espíritu Santo: "Cuando
venga el Espíritu de verdad, él los guiará a toda la verdad"

(Juan 16:13, NTV). "Y conocerán la verdad, y la verdad los hará libres" (Juan 8:32, NVI). Él es quién puede revelar lo profundo de Dios (1 Corintios 2:10) y exponer las cosas en nuestra mente, emociones y vida que nos están teniendo cautivos como rehenes. Permitámosle liberarnos del bagaje de nuestro pasado, y permitir que lo pasado sea cosa del pasado. Tenemos un futuro tan grande como para permitir que las experiencias negativas saboteen la bondad que Dios ha preparado para nosotros. Deshagámonos del desorden emocional que nubla nuestra mente, contamina nuestra alma y sesga nuestra percepción de las personas y situaciones.

Lo que creemos que es verdad o correcto influencia nuestra percepción de todo y de todos a nuestro alrededor; es como llevar gafas entintadas. Nuestra realidad en nuestros pensamientos tiñe la percepción de todo lo que está a nuestro alrededor en un nivel subconsciente. Esto es llamado sesgo de confirmación, y es algo de lo cual podemos estar al tanto y dominar en un nivel consciente. Si queremos cambiar nuestras experiencias, tomemos control de las experiencias que estamos teniendo dentro de nosotros mismos. Cuando cambiamos la manera en que vemos a las personas y las situaciones, la manera en que esas personas y situaciones luzcan cambiará.

No puedo pensar en una verdad más importante de la que nos podamos tomar a medida que revisualizamos nuestro futuro. Cuando comprendemos que todo lo que *nos* está pasando está revelando algo que está sucediendo *en* nosotros, podemos ponernos de vuelta en el timón de nuestra vida. Como observa tan astutamente James Allen en su libro clásico *Como un hombre piensa, así es su vida*: "Las condiciones externas de la vida de una persona siempre

se encontrarán armoniosamente relacionadas con su estado
interno [...] Las personas no atraen lo que quieren, sino lo
que son".[18]

EL ARTE Y LA PRÁCTICA DE LA VISUALIZACIÓN

Uno pasaría dificultades para encontrar un atleta profesional
o una persona que tiene grandes logros en cualquier campo
que no practique la visualización para elevar su desempeño.
De hecho, numerosos estudios han confirmado los
profundos efectos de la visualización, incluyendo un estudio
de 1980 de atletas de nivel olímpico que demostraron que
los que pasaban más tiempo practicando la visualización
mental mostraron mejoras mucho mayores que los que no
lo hacían.[19] Y muchas celebridades reconocidas como Will
Smith, Arnold Schwarzenegger, Oprah Winfrey y Jim
Carrey le atribuyen su éxito a su práctica.

¿Qué es lo que hace que la visualización sea tan eficaz?
Principalmente, genera un sentir en su mente de que lo
que sea que está visualizando es real, por lo que afecta
profundamente su arraigado sistema de creencias; y así como
hemos descrito, la dirección de su vida sigue sus creencias.
"Cuando usted se visualiza haciendo algo, su cerebro funciona
como si en realidad estuviera realizando la tarea —escriben
los autores, Jack Canfield y Dave Andrews; y como dijimos
anteriormente, están de acuerdo en que—, el cerebro no
distingue entre realmente hacer algo y visualizarlo".[20]

Esto es lo que hace que la visualización sea tan eficaz.
Uno literalmente crea la creencia subconsciente de que la
realidad imaginada ya existe; y gracias a la fuerza energética
de sus creencias, su vida comienza a alinearse a esa realidad
imaginada. La visualización no solo influencia su mente

consciente, sino su impacto más poderoso es en el subconsciente; donde la mayoría de las creencias que informan sus pensamientos son albergadas. De allí es de dónde mucha de la energía de la vida emana.

Su energía fluye hacia donde su mente va. En otras palabras, su energía sigue a su atención, y su atención sigue a su enfoque. Así que enfocar deliberadamente nuestros pensamientos a donde queremos que nuestra vida vaya apunta nuestra energía en esa dirección. Y como hemos dicho, la energía es magnética por naturaleza. Incluso la electricidad estática genera una fuerza magnética. El autor Kirk Wilkinson explica: "Su visualización tiene energía. A medida que usted visualice su propósito, comenzará a notar la energía que lo rodea. Energía que lleva a milagros y que traerá su visión a la existencia".[21] El emperador romano del siglo II, Marco Aurelio, lo resumió de esta manera: "Tales sean sus pensamientos y cavilaciones ordinarias, así será su mente con el tiempo".[22] Pero antes de Marco Aurelio, otro gobernante, el rey Salomón, ya había documentado cierta sabiduría divinamente impartida: "Porque cual es su pensamiento en su corazón, tal es él" (Proverbios 23:7).

El poder de utilizar la visualización para crear nuevos escenarios en la mente —para innovar— puede ser demostrado por las experiencias de Nikola Tesla, un hombre etiquetado como genio por muchos y reconocido por ser pionero en avances en comunicación inalámbrica. Comenzó entrenando sus poderes de imaginación por medio de visualizar sus ideas activamente. En su autobiografía, *My Inventions* [Mis inventos], Tesla escribe: "Observé para mi deleite que podía visualizar con la mayor facilidad. No necesitaba modelos, esquemas o experimentos. Podría verlos todos como reales en mi mente". Y continúa con la explicación:

> Me di por completo al disfrute intenso de imaginar máquinas e idear nuevas formas. Era un estado mental de felicidad tan completo como nunca he conocido en la vida. Las ideas venían en un flujo sin interrupción y la única dificultad que tenía era retenerlas.[23]

Leí una historia profunda del coronel de la fuerza aérea, George Hall, quien fue prisionero de guerra en Vietnam durante siete años y medio que fueron agotadores mental y emocionalmente. Todos los días este hombre jugaba una partida de golf completa en su imaginación. A unas semanas de su liberación en 1973 entró al Abierto del Área Metropolitana de Nueva Orleans y obtuvo una puntuación de setenta y seis, una puntuación asombrosa para un hombre que no había tomado un palo de golf en todos esos años.[24] Esta historia ilustra el principio básico de aprovechar su imaginación; en otras palabras, de actuar como si lo que uno percibe es real y ya lo hubiera logrado. "Visualice en su mente lo que quiere. Véalo, siéntalo, CRÉALO —escribió Robert Collier—. Haga su mapa mental y ¡*comience a construir!*".[25] No estoy hablando de aparentar, sino de vivir y actuar como si su deseo ya hubiese ocurrido.

"Visualizar un objeto o situación, y repetir esta imagen mental con frecuencia, atrae el objeto o situación a nuestra vida —escriben los autores Jasmine Renner y Bowen Bailie—. Esto nos abre nuevas, inmensas y fascinantes oportunidades".[26] Henry David Thoreau observó: "El mundo no es sino un lienzo para la imaginación".[27]

Así que mientras que es importante remover los límites

de lo que somos capaces de imaginar, el proceso de visualización es lo que nos habilita para enfocar nuestra atención en un resultado particular; en un sentimiento específico de ese estado futuro deseado. Es la concentración del ojo de nuestra mente la que es tan poderosa. Esto requiere que desarrollemos el músculo de nuestra atención. Nuestra energía sigue a nuestra atención, y nuestra atención sigue a nuestro enfoque. "Hacia donde va el enfoque, fluye la energía", comenta Tony Robbins. Si diluimos nuestro enfoque, diluimos nuestro poder.

Esta verdad fue hermosamente resumida por Neville Goddard: "La atención tiene fuerza en proporción a lo estrecho de su enfoque [...] Ya que una idea es dotada de poder en proporción con el grado de atención fijada en ella [...] El poder de la atención es la medida de su fuerza interna".[28]

> Todo avance depende de un incremento de atención. Las ideas que lo impulsan a la acción son las que dominan la consciencia, las que poseen la atención [...] Cuando se proponga dominar los movimientos de su atención, lo cual debe hacerse si desea alterar con éxito el curso de eventos observados, es entonces caer en cuenta del poco control que uno ejerce sobre su imaginación y cuánto es dominada por impresiones sensoriales y por un desplazamiento en las mareas de estados de ánimo ociosos [...] La imaginación es capaz de hacer cualquier cosa, pero solo conforme a la dirección interna de su atención [...] Tarde o temprano usted despertará dentro de sí un centro de poder y se volverá consciente de su ser mayor, el verdadero usted.[29]

"El gran secreto —escribió Goddard— es una imaginación controlada y una atención bien sostenida, firme y repetidamente enfocada en el sentimiento del deseo cumplido hasta que llene la mente y desplace al resto de las ideas de su consciencia".[30] La meta aquí es pensar "desde" más que "en" cualquier ideal dado.

Es tomando estas verdades fundamentales firmemente en cuenta que procederemos a la siguiente sección. Aquí es donde le mostraré cómo escribir su propia historia. Será equipado con un mapa y una brújula que lo habilitarán para tomar el timón del barco de su vida y navegar hacia los mares abiertos de su destino.

En la siguiente sección, lo guiaré a través de la elaboración de una visión poderosa para su vida. Le mostraré de qué se compone un tablero "magnético" de visión. No obstante, aunque un tablero de visión puede ser una herramienta poderosa, es la *práctica* de la visualización lo que hace que la herramienta sea eficaz. La palabra clave aquí es *práctica*.

> ¡Enfóquese en su sueño y haga todo lo que esté en su poder! Usted tiene el poder de cambiar las circunstancias de su vida.
>
> —NICK VUJICIC

> Cuando usted obtiene el control de la dirección interna de su atención, ya no estará en aguas poco profundas, sino que se lanzará a las profundidades de la vida.
>
> —NEVILLE GODDARD

PASO TRES

Escriba su propia historia

Viva la historia a medida que la vaya escribiendo.
—Nick Vujicic

El mundo visible está sostenido por el invisible
[...] por las hermosas visiones de soñadores so-
litarios. La humanidad no puede olvidar a sus
soñadores; no puede dejar que sus ideales se des-
vanezcan y mueran; vive en ellos; los conoce
como las *realidades* que un día verá y conocerá.
—James Allen

CAPÍTULO SIETE

◆ ◆ ◆

Despierte a su destino divino

Su visión se volverá clara solamente cuando
pueda mirar en su propio corazón. Quien ve
afuera sueña; quien ve adentro despierta.
—CARL JUNG

Los imperios del futuro son imperios de la mente.
—WINSTON CHURCHILL

DURANTE EL CENIT de la Segunda Guerra Mundial, la
última esperanza del mundo libre era el primer ministro de Gran Bretaña, Sir Winston Churchill. Era un candidato poco probable para el puesto, pero creía en el poder de su visión combinado con la mano providencial de Dios en su vida.

Muchos no están al tanto de la inquebrantable fe en Dios de Churchill; y que fue gracias a esta fe que no se movió cuando se levantó en contra del ataque de Hitler en la hora más oscura de nuestro mundo. En su libro, *God and Churchill* [Dios y Churchill], su bisnieto, Jonathan Sandys, y su coautor, Wallace Henley, documentaron el sentido de destino divino de este gran líder. Solo tenía dieciséis cuando le comentó a un amigo: "Este país estará sujeto en alguna manera a una tremenda invasión [...] Yo estaré a cargo de las defensas de Londres [...] Dependerá de mí salvar la capital, salvar el imperio".[1] Cinco años después de que Churchill fue elegido primer ministro, a los setenta años, fue proclamado en todo el mundo como la persona que salvó a la civilización moderna del desastre.

"Churchill creía en el 'destino divino' —explicó Sandys en una entrevista—. Por eso en 1940, aunque estaban severamente superados en número, como los israelitas en el libro de Deuteronomio, al enfrentar ejércitos abrumadoramente fuertes del otro lado del Jordán, dio un paso al frente y aceptó la responsabilidad de liderazgo, mientras que otros, igualmente ambiciosos, rehusaron el honor debido a su falta de fe en la posibilidad de una victoria general".[2] ¿Qué provocó que Churchill tuviera tal sentido de destino divino? Creo que fue su fe en un Dios amoroso quien estaba ordenando sus pasos activamente; así como lo había leído tantas veces en el Salmo 37:23 (Churchill leyó la Biblia completa dieciséis veces, según lo informó su biógrafo oficial, Sir Martin Gilbert[3]). Contaba con la Palabra de Dios: "Por Jehová son ordenados los pasos del hombre, y él aprueba su camino".

> Una noche, mientras caminaba de St. James Park a Downing Street, la Luftwaffe atacó y se escuchó una gran explosión muy cerca. Thompson [su guardaespaldas] estaba muy preocupado por la seguridad de Churchill. El bisabuelo simplemente le restó importancia al peligro. Señaló al cielo y le dijo a su confiable guardaespaldas: "Hay alguien más cuidándome aparte de ti […] Tengo una misión que realizar y esa persona tiene el propósito de ver que sea realizada".[4]

Churchill sabía que la tarea de ganar la guerra estaba más allá de la mera capacidad humana. Con Francia —el último bastión de la Europa continental— a punto de caer, Gran Bretaña fue dejada sola para repeler al Tercer Reich. Churchill tenía confianza en la fidelidad de un Dios soberano quien no permitiría que tal mal prevaleciera. Fue en las trincheras de la Primera Guerra Mundial que escribió en una carta: "Uno debe rendirse simple y naturalmente [...] y confiar en Dios".[5] Y en mayo de 1940, en su primera transmisión de guerra como primer ministro declaró: "¡Pero que se haga lo que Dios quiera!", citando de 1 Macabeos 3:58-60.[6]

Cuan desesperadamente el mundo de hoy necesita líderes con la fe y la visión de Churchill. ¿Será que usted ha sido puesto en la Tierra en este tiempo de la historia para oponerse a un gran mal; para mantenerse firme en la fe como un bastión de luz y esperanza durante una hora oscura? ¿Podría ser usted como Ester, posicionado en un cierto lugar "para esta hora" (Ester 4:14)? ¿Podría Dios —*y el mundo*— estar esperando que usted despierte a su destino divino?

LA FUERZA DE LA VISIÓN

Escribir una visión para su vida comienza con el entendimiento de una verdad sencilla: nada sucede a menos que alguien lo haga suceder. Mientras que la mayoría de las personas se sientan a esperar que alguien más haga funcionar su vida, ahora nos estamos embarcando en la jornada de nuestra vida al escribir nuestra propia historia. Hay mucho tiempo para enfocarnos y afinar nuestra visión, pero ahora es el tiempo de pensar más ampliamente a medida que comencemos a ponderar en la pregunta: "¿Dónde me veo al final de este año, en cinco años, en diez años e incluso al final de mi vida?". ¡Permitamos que nuestra visión se expanda para ajustarse al alcance de nuestros sueños!

Pero no descuide el nivel de fe requerido para llevarlo a cabo. Si queremos vivir la vida de nuestros sueños, para verdaderamente lograr nuestras metas y maximizar nuestro potencial, debemos tomar 100% de la responsabilidad para desarrollar nuestra fe: tendremos que dejar de culpar a otros, de señalar con el dedo o de hacer excusas de por qué no cumplimos una meta específica. Significa que deberá tomar la responsabilidad de cada resultado, continuar en la pelea ¡y levantarse nuevamente! "Los justos podrán tropezar siete veces, pero volverán a levantarse" (Proverbios 24:16, NTV). Debemos desarrollar la fortaleza y la determinación de perseverar a través de la oposición y proseguir sin importar los desafíos que encontremos. En las famosas palabras de Winston Churchill: "Nunca se rindan, jamás se den por vencidos, nunca, nunca, nunca —en nada pequeño, grande o banal—, jamás se rindan excepto a las convicciones del honor y el buen juicio".[7] Eso significa: no más excusas. Cuando sintamos que nuestra naturaleza caída nos está tentando para excusarnos de un gran, pero difícil, llamado más alto, simplemente digamos que no. Esa es solo nuestra carne hablando, no el Espíritu de Dios; porque todo lo podemos en Cristo que nos fortalece (Filipenses 4:13). Tómese de la gran visión que Dios ha sembrado en su corazón y tome la responsabilidad de cultivarla y administrarla. Solamente usted es el amo de su destino, "el capitán del alma"[8] como se cita con tanta frecuencia.

Hacerse cargo de su vida puede comenzar aquí y ahora. Usted puede comenzar por medio de poner sus pensamientos en papel. Escribir su visión es un ejercicio extraordinariamente poderoso. Si no hace nada más, haga eso. Si no lee más, deténgase ahora y escriba la visión que ha estado moviéndose en su alma que probablemente hasta ahora haya descartado. Póngala en palabras. El simple hecho de expresar su futuro soñado o una idea o un deseo que usted ha podido imaginar o visualizar o ver con el ojo de su mente lo pondrá en movimiento; la sola fuerza de poner las palabras en papel es como darle piernas para pararse. Es traerlo del plano eterno de su alma al ahora temporal; es semejante a poner sus anhelos internos en oraciones llenas de fe. Las palabras de cualquier tipo son una poderosa fuerza espiritual, así que aproveche su poder para servir a su bien mayor.

Sin visión, el alma no tiene esperanza, la imaginación no tiene canal de expresión y la innovación no tiene futuro.

El acto de escribir lo que imaginamos en nuestra mente es tan importante, que Dios lo ordenó así:

> Escribe lo que has visto, consígnalo en unas tablillas para que pueda leerse sin tropiezo. Es una visión a largo plazo, pero vuela hacia su cumplimiento y no fallará; aunque se demore, tú espérala, porque ciertamente se cumplirá sin retraso.
>
> —HABACUC 2:2-3, BLP

Nuestro mundo necesita más visionarios. Helen Keller dijo que tener vista sin visión es peor que ser ciego.[9] La vista es una función de los ojos y percibe las cosas como son, pero la visión es una función de la mente y ve las cosas como podrían ser. Sin visión, el alma no tiene esperanza, la imaginación no tiene canal de expresión y la innovación no tiene futuro. La humanidad es menoscabada con el desvanecimiento de los sueños. Dios le da a su pueblo la visión como un mapa espiritual para brindarle a los individuos dirección interna para su vida, y a las naciones, dirección para sus ciudadanos. La visión y la fe nacen del mismo vientre; ambos nos dan la habilidad de ver hacia el futuro y asirnos de él en el presente.

SE FORJA UN DESTINO

Cuando pensamos en visionarios, no solemos considerar a las adolescentes que viven en el Tercer Mundo. No obstante, Malala Yousafzai no era la adolescente típica cuando comenzó a despertar atención internacional con respecto a las injusticias educativas en su nativo Pakistán.

Malala Yousafzai creció en el Valle Swat en un hogar que valoraba la educación. Pero cuando el Talibán prohibió que las niñas fueran a la escuela, su sueño de educación superior se desintegró. Cuando el Talibán comenzó a atacar escuelas femeniles en el Valle Swat, llenó de terror los corazones de la mayoría de las niñas. Pero no el de Malala, quien con solamente once años se rehusó a dejar de asistir a la escuela. Incluso dio un discurso llamado "¿Cómo se atreve el Talibán a quitarme mi derecho básico a la educación?". Estaba determinada a proseguir incluso frente a una oposición violenta. Impulsada por su pasión y su visión, comenzó a escribir acerca de su vida en línea y el blog pronto se hizo viral. Malala comenzó a levantar la voz utilizando su verdadera identidad en la radio, en la TV y con los periodistas de todo el mundo; con cualquiera que quisiera escuchar. Su visión ahora se estaba esparciendo como reguero de pólvora y recibió la atención de millones.

El 9 de octubre de 2012, un asesino a sueldo del Talibán les disparó en un intento de asesinato a Malala de quince años y a otras dos jóvenes. Esto solo atrajo más atención de los medios, cautivando al mundo que se unió en preocupación y oración por su recuperación. El 15 de octubre de 2012, el día en que Malala llegó a Gran Bretaña para recibir tratamiento médico, el enviado especial de las Naciones Unidas para la educación global y ex primer ministro británico, Gordon Brown, lanzó una petición internacional a favor de Malala. Ella no solo se recuperó bajo el ojo vigilante de una audiencia global, sino que ahora es una vocera internacional, autora de mayor venta y la ganadora más joven del Premio Nobel de la Paz. Apareció en la revista *Time* como una de las personas de mayor influencia del mundo tres años seguidos.[10]

Malala no fue la única chica en abrazar una visión que afectaría al mundo. Otro ejemplo notable se encuentra en María, la madre de Jesucristo. Siendo una adolescente, María recibió las noticias del ángel Gabriel de que debería llevar en su vientre al Mesías. Las noticias tenían el potencial de arruinar su posición en la comunidad y destruir a su familia; no obstante, María escogió abrazar la visión de Dios con fe y valentía cuando exclamó: "Hágase conmigo conforme a tu palabra" (Lucas 1:38).

María decidió aceptar esta pesada tarea y corrió con éxito con la visión a pesar de lo imposible que parecía. Pasó meses preparándose para la llegada de su primer hijo. No obstante, eventos no previstos complicaron sus planes. César Augusto decretó un censo, requiriendo que todos se registraran en su pueblo natal. Esto provocó que José tuviera que llevar a María, quien estaba en su noveno mes de embarazo, en un viaje de noventa millas (casi ciento cuarenta y cinco kilómetros) durante varios días, probablemente con María cabalgando en el lomo de un asno (¡podríamos decir que fue incómodo!), a un pueblo tan atestado que solo hubo un establo disponible para que se recostara ¡y diera a luz! Me puedo imaginar a María derramando su corazón a Dios en esos momentos, prometiendo permanecer fiel a la visión, confiando en que Él cuidaría de ella y de su bebé.

¿Y usted?

Todos encontramos desafíos, oposición y reveses en la vida. Cuando estas cosas suceden, ¿se amarga y culpa a Dios? ¿O permanece fiel a la visión? Hacerlo es la clave para dar a luz la visión que Dios ha concebido en usted.

UNA REALIDAD TODAVÍA NO NACIDA AL TIEMPO

En la serie de TV *Los hombres que construyeron América*, el director nos ayuda a concluir que nunca podríamos pensar en la superpotencia que son los Estados Unidos de América si no fuera por visionarios como Rockefeller, Carnegie, Vanderbilt, Morgan, Ford y otros. Fueron hombres que esculpieron el presente hasta hacer que se pareciera al futuro que tenían en visión. Desafiaron el tiempo y estiraron su mente, desarrollaron capacidad dentro de sus empleados y se extendieron más allá del límite de sus industrias hasta que reflejaron lo que creían era posible. Sus ideas se convirtieron en precursoras de las realidades que ahora damos por sentadas. Desde la bombilla a la biblioteca, de los coches a las caricaturas, de los aviones a las casas con aire acondicionado, cada uno comenzó con un "y si" que terminó en un avance de innovación que sigue propulsando nuestra economía global.

La visión es la precursora de la innovación. Como el imaginador Walt Disney es citado diciendo: "Seguimos avanzando, abriendo nuevas puertas y haciendo cosas nuevas, porque tenemos curiosidad [...] y la curiosidad nos sigue llevando por nuevos senderos".[11] La visión es un motivador poderoso. Una visión dinámica hace que todos los que escuchan acerca de ella, quieran ya sea, involucrarse o ir en pos de una visión propia.

La primera ley del movimiento de Newton establece que un objeto en reposo permanecerá en reposo hasta que una fuerza externa actúe sobre él. La visión actúa como una fuerza externa para impulsarnos a movernos en búsqueda de algo. Cómo imaginemos la manera en que se desarrollará nuestra vida afecta la forma en que se desarrollará. Afecta cómo viviremos, amaremos, creceremos, tendremos éxito y prosperaremos en la vida. Si aquello en lo que pongamos nuestra mirada evoca asombro y maravilla, será replicado hasta que estemos viviendo una vida llena de asombro y maravilla. Si, no obstante, aquello en lo que nos enfoquemos produce temor y aversión, entonces experimentaremos una vida llena de temor y aversión. Su vida puede ser cambiada por aquello en lo que nos atrevamos a enfocarnos o lo que nos permitamos visualizar.

La visión es el gran ecualizador. Es un recurso perpetuo y dinámico al que todos podemos tener acceso y nos da la libertad de formar los resultados finales que pueden revolucionar al mundo. La visión no considera las habilidades actuales, la educación o la capacitación, así que ni siquiera piense en su habilidad para cumplir su visión. Si Dios se la dio, Él también le dará la oportunidad de obtener la experiencia que necesita para hacerla realidad. La experiencia viene cuando ejercitamos nuestra voluntad para lograr algo, sin importar lo imponente, intimidante o imposible que pueda parecer. La visión lo ayudará a vencer lo que al parecer es insuperable.

Una visión es el plan de Dios revelado al hombre (vea por
ejemplo Éxodo 25:9, 40; Hebreos 8:5; 1 Crónicas 28:11-12;
Jeremías 29:11). Es un patrón celestial dado a una persona
que provoca que se convierta en una realidad. Como
mencioné anteriormente, las ideas son entes espirituales, y
el plano espiritual es, de hecho, el plano causal. Por lo tanto,
cuando nos embarcamos en la tarea de escribir nuestra
visión personal, en realidad, estamos conectándonos a un
plano profético. Las visiones son realidades espirituales que
le señalan al hombre la existencia de Dios.

Recuerde que obtener una visión para su vida es una
disciplina espiritual. La visión traerá claridad a su llamado
y a su propósito. Dictará las metas que establezca y traerá
significado e intención a su vida, haciendo que usted se
convierta en una fuerza considerable. La visión tiene el poder
de separarlo de los que no tienen la capacidad de llegar a
dónde se dirige. Ir en pos de su visión lo llevará a nuevos
niveles de unción. Debemos tener una visión clara antes de
que nuestro ministerio, vida o negocio pueda experimentar
prosperidad, crecimiento, victoria o avances hacia nuevos
planos de influencia. Una visión nos ayuda a decirle que no
a las oportunidades y a las personas equivocadas para que les
podamos decir que sí a las correctas. También nos ayuda a
identificar y manejar recursos disponibles para incrementar
la probabilidad de nuestro éxito y prosperidad.

La visión es el recurso de Dios para estimular dones, habilidades y talentos latentes para que podamos esperar y prepararnos para el cumplimiento de la visión. Nuestra visión deberá
describir vívidamente cómo vemos desarrollarse nuestro futuro. La visión lo empodera porque enfoca su atención —y,
por lo tanto, su intención— en todo lo que es posible, más

que en todo lo que está mal. Es la fuerza interna que puede utilizar para dirigir su propio campo de energía; piense de sí mismo como el superhéroe de su propia historia épica dotado de la habilidad sobrenatural de manipular la energía; algunos son capaces de generar poderosas ráfagas de viento con el movimiento de su mano, otros generan fuego y otros producen olas. He llegado a creer que las historias a las que somos más atraídos son metáforas de las verdades espirituales; desde los cuentos de hadas a las películas de aventuras.

DESPIERTE A LA OBRA DE DIOS EN USTED

Es tiempo de despertar. ¡Es tiempo de soltar amarras, levar anclas y extender las velas de fe que lo harán avanzar hacia su destino! Nada bueno sucede si nunca deja la bahía. Tómese de las promesas de Dios y navegue hacia la nueva tierra de su destino, asiéndose firmemente de la visión que Él le ha dado como mapa. Tenga fe en que su visión —esa esperanza que se ha imaginado de lo que podría hacer o contribuir o un día llegar a ser— ha sido colocada allí por Dios. ¿Cree que la visión inculcada en el joven Winston Churchill era de Dios? ¿Cree que la visión que se movió en el corazón de Malala era de Dios? ¿Y la visión a la que María se aferró cuando las circunstancias parecían difíciles? "María, por su parte, guardaba todas estas cosas en su corazón y meditaba acerca de ellas" (Lucas 2:19, NVI).

Como hijo o hija de Dios, ¿cree que es menos favorecido que ellos? La Biblia nos dice que en Cristo todos somos favorecidos; más específicamente, que Dios el Padre no muestra favoritismo (Romanos 2:11). Lo desafío a levantar la voz y decirle a su Padre en los cielos, quien puede hacer todas las cosas: "Soy la sierva del Señor. Que se cumpla todo lo que has dicho acerca de mí" (Lucas 1:37-38, NTV).

Así que le pregunto hoy: ¿Qué es lo que Dios le está diciendo? ¿Qué está escuchando cuando prosigue hacia el cielo y escucha su voz? ¿Qué es lo que el Espíritu Santo le está susurrando a su espíritu acerca de qué más cree que sea usted capaz de hacer o ser? ¿Qué está poniendo en su corazón cuando ve el mundo a su alrededor? ¿A quién ha puesto en su camino? ¿Qué oportunidades no está viendo porque no está en modo de búsqueda? Abra los ojos a lo que Dios está permitiendo que entre a sus esferas de influencia; abra sus oídos para escuchar las necesidades a su alrededor a la luz de sus dones y habilidades. ¿Qué más podría estar haciendo para desarrollar su capacidad con el fin de maximizar su potencial?

Por eso necesita una visión. Y por eso escribí este libro. ¡Quiero ayudarlo a escribir la visión "con claridad" para que pueda correr con ella (Habacuc 2:2, NTV)! Con ese fin, en el capítulo siguiente lo estaré llevando por los pasos prácticos que puede dar para hacerla clara —me refiero a pasos claros, específicos y detallados—. Este será el mapa que usted podrá usar para dirigirlo hacia el futuro que ha soñado. ¡Ahora es el momento de hacer el trabajo de escribir los detalles de viaje de ese destino soñado!

> Su visión es la promesa de lo que usted deberá ser un día; su ideal es la profecía de lo que usted deberá finalmente desvelar.
> —JAMES ALLEN

> Allí está un hombre en la mar. Tiene una carta de navegación, y esa carta, de ser bien estudiada, con la ayuda de la brújula, lo guiará al fin de su travesía.
> —CHARLES SPURGEON

CAPÍTULO OCHO

Encuentre la brújula de su vida

Que su corazón sea su brújula, su mente su
mapa, su alma su guía… y nunca se perderá.
—RITU GHATOUREY

La conciencia es la brújula del hombre.
—VINCENT VAN GOGH

UNA DE LAS herramientas de navegación más significativas jamás inventada fue la brújula magnética. Incluso si tiene un mapa, no podrá navegar sin la aguja de una brújula señalando hacia el norte. Con ella, usted sabe dónde se encuentra en relación con la dirección en la que quiere ir. La brújula lo ayuda a ubicarse en relación con su mapa.

Encuentro interesante que hace más de dos mil años, un material magnetizado llamado imán fue utilizado para apuntar la aguja de una brújula hacia el norte. Los historiadores creen que entre el 300 y el 200 a.C. la dinastía Han de China descubrió cómo magnetizar la aguja de una brújula, y más tarde la dinastía Song en el siglo XI entendió su valor de navegación. No fue sino hasta principios del siglo XIII que este tipo de brújula fue utilizada por los europeos.[1] Y sin una brújula, Cristóbal Colón no podría haber puesto a América literalmente en el mapa.

Con frecuencia he desafiado a mis lectores a convertirse en los Cristóbal Colón de sus propias vidas y futuros y a no ver el rechazo desde la perspectiva de que hay algo inherentemente malo en ellos. El rechazo es redirección. Simplemente significa que cierta persona, relación, organización, corporación, comunidad o país no tiene la capacidad para lo que usted trae. A través de mis libros y programas, me he dado a la tarea de brindar todo tipo de herramientas para habilitar a las personas para dirigir su vida en la ruta de su destino más prometedor.[2] Uno de los métodos más poderosos que he descubierto es elaborar una brújula personal que clarifique su visión en doce áreas clave. Ya hemos hablado de la importancia de que una visión sea al mismo tiempo específica y que esté expresada claramente por escrito. Como hemos dicho, entre más cerrado sea el enfoque, más fuerte será la atracción magnética.

La piedra imán, o magnetita, es uno de los pocos minerales que están magnetizados naturalmente. La palabra en inglés para *piedra imán* o *magnetita* es un término que data de los siglos XII y XV derivado del inglés antiguo *lode*, que significa "camino, jornada, curso".[3] La magnetita o piedra imán es una piedra que dirige el camino. Una piedra imán metafórica basada en sus valores intrínsecos lo dirigirán a la estrella polar de sus deseos. Lo ayudará a cortar con el ruido negativo y el desorden de la distracción de los que hablamos en capítulos anteriores. Establecer su brújula personal es crítico para mantenerlo orientado en dirección de sus sueños. John C. Maxwell dijo: "Hasta que entienda dónde estoy, no puedo llegar a dónde voy. Este es el valor de una brújula [...] es ese pequeño empujón que nos dice si estamos en el camino correcto hacia cumplir con nuestro potencial o en el sendero equivocado gastando nuestra energía viajando hacia donde no necesitamos ir".[4]

El autor Idowu Koyenikan concuerda: "Un sistema de valores altamente desarrollado es como una brújula. Sirve de guía para orientarlo en la dirección correcta cuando esté perdido".[5] Usted solamente puede comenzar cualquier viaje desde donde está, incluso si se siente perdido, desde este punto en adelante, puede tomarse del timón, izar las velas y comenzar a vivir cada día navegando hacia la visión mayor que siempre ha tenido en su corazón para usted mismo y su futuro.

DOCE GRADOS DE LIBERTAD

Siempre he quedado fascinada por la obra y los escritos de Buckminster Fuller. Muchos lo aclaman como el hombre del renacimiento del siglo XX, un celebrado arquitecto, teórico de sistemas, autor, diseñador, filósofo e inventor. Escribió y dio cátedra hasta el día de su muerte en 1983, casi a la edad de ochenta y ocho años. En un libro publicado ese año, dijo de sí mismo: "Tengo la confianza de que lo único importante acerca de mí es que soy un ser humano promedio saludable. También soy una historia de caso viviente de un proyecto de búsqueda e investigación plenamente documentado durante medio siglo diseñado para descubrir lo que, en todo caso, una persona desconocida, sin dinero [...] podría ser capaz de hacer eficazmente a favor de toda la humanidad que no podría ser logrado por grandes naciones, grandes religiones o las empresas privadas, sin importar lo ricos que sean o lo poderosamente armados que estén".[6] Se consideraba a sí mismo solo un individuo ordinario, no obstante, dejó una marca perdurable en los campos de la ciencia, la literatura y el diseño arquitectónico.

Fuller era un verdadero servidor. Fue expulsado de Harvard dos veces y tenía la reputación de ir en contra

del sistema, y, sin embargo, se le otorgaron veintiocho
patentes estadounidenses, múltiples doctorados honorarios
y la Medalla Presidencial de la Libertad. Fue Fuller quien
fue el primero en escribir acerca de lo que el llamó "doce
grados de libertad" en su libro *Synergetics*: *Explorations in
the Geometry of Thinking* [Sinergética: exploraciones en la
geometría del pensamiento]. "Los doce grados universales
de libertad —explicó Fuller— gobiernan los movimientos
externos e internos de todos los sistemas independientes del .
universo".[7] Un grado de libertad es comúnmente definido
como "un parámetro independiente que es necesario para
caracterizar el estado de un sistema físico".[8] Los grados
de libertad también son a veces mencionados como
"dimensiones". En general, un grado —o dimensión—
de libertad puede ser "cualquier propiedad útil que no
depende de otras variables".[9] Fuller se refirió a estas como
"libertades fundamentales de transformación" y a través de
una serie de experimentos descubrió que hay "doce maneras
alternativas en que la naturaleza puede comportarse más
económicamente sobre todas y cada una de las ocurrencias
de cada evento-enérgico".[10]

Según el archivista Greg Watson: "Fuller fue el primer diseñador en la historia en entender una estructura como un patrón compuesto enteramente de energía e información".[11] Con
respecto a esos patrones de energía "encontramos que en los
doce grados de libertad —escribió Fuller—, las libertades son
iguales y son todas realizables con un 'mínimo esfuerzo'".[12]
Con respecto a los futuros potenciales Fuller observó: "La experiencia es inherentemente omnidireccional; luego, no solo
hay un 'otro'. Siempre hay por lo menos doce 'otros'".[13]

Solamente hago referencia a los doce grados de libertad

(o podríamos decir dimensiones de libertad) como una representación metafórica no solo de la multiplicidad de futuros que son posibles para usted; sino también de cómo usted puede generar una sinergia alrededor de doce áreas clave que estaré delineando a continuación. Al escribir sobre la obra de Fuller, Watson menciona "el increíble potencial que cada individuo posee para efectuar un cambio", que él atribuye al "poder transformador de la sinergia —acciones coordinadas o combinadas que llevan a [...] capacidades que son órdenes de magnitud mayor a la suma de cada contribución individual".[14]

Cada mañana usted despierta a un mundo de posibilidades ilimitadas. Su visión es como un GPS divino que lo guía en su proceso de toma de decisiones, especialmente desde que con frecuencia usted cuenta con una plétora de oportunidades disponibles. Escribir una visión para su vida puede ser tedioso, pero trae recompensas. Usted quizá considere las doce áreas que estaremos explorando como sus propias "dimensiones de libertad". Estas brindarán los doce puntos de dirección en la brújula de su vida. Al combinarse, es mi oración que lo habiliten para tomar una acción coordinada que lleve a capacidades mayores. En el resto de este capítulo, sistemáticamente desarrollaremos cada uno de estos doce grados de enfoque para establecer firmemente su propia brújula personal. Juntos, formarán la base de una visión de la totalidad de su vida que le brindará el fundamento de un crecimiento saludable holístico.

LA BRÚJULA DE SU VIDA

Así como una brújula necesita estar calibrada con precisión al norte magnético con el fin de trabajar apropiadamente, la brújula de su vida necesita ser calibrada con precisión con la Palabra de Dios y con lo que el Espíritu Santo le muestre para verdaderamente cumplir con su potencial dado por Dios y navegar con seguridad a la nueva tierra de su destino. Max Lucado escribió: "Entender el propósito de la Biblia es como apuntar la brújula en la dirección correcta. Si la calibra correctamente tendrá un viaje seguro. Pero si falla en configurarla, quién sabe dónde terminará".[15]

Isaías 30:21 dice: "Entonces tus oídos oirán a tus espaldas palabra que diga: Este *es* el camino, andad por él; y no echéis a la mano derecha, ni tampoco torzáis a la mano izquierda" (énfasis añadido). E Isaías 48:17 dice: "Así ha dicho Jehová, Redentor tuyo, el Santo de Israel: Yo soy Jehová Dios tuyo, que te enseña provechosamente, que te encamina por el camino que debes seguir". Con el fin de evitar que el barco de su vida gire fuera de rumbo, necesita asegurarse de que su brújula esté correctamente configurada para que el Señor pueda llevarlo en el camino que debe seguir. Calibrar su brújula con cualquier otra cosa que no sea la Palabra de Dios y la dirección del Espíritu Santo es la receta para el naufragio.

Con eso en mente, quiero ayudarlo a experimentar cómo todas estas áreas trabajan juntas. Como dijo el Sr. Fuller, su vida es "inherentemente omnidireccional". Por eso es importante pensar holística y multidimensionalmente. En el resto de este capítulo, usted unirá todas las partes en un todo dinámico; y creará una muestra visual de cuánto mucho mayor es la suma que cada parte individual. A partir de allí, usted podrá establecer objetivos claros y alcanzables diarios, mensuales, semanales y anuales que lo impulsarán hacia ese fin deseado.

Sea gentil consigo mismo: su visión inicial para cada área no tiene que ser perfecta. ¡Esta es una obra en progreso! Más bien enfóquese en abrir su corazón y su mente a su propio potencial. Permítase soñar. Y luego, a medida que escriba, sea tan específico como sea posible. Sueñe en grande, pero enfóquese en los detalles. No edite ni trate de dilucidar cómo va a hacer lo que ha escrito. Enfóquese y trabaje en una categoría a la vez. Revise las preguntas y luego cierre sus ojos. Permita que el Espíritu de Dios guíe su espíritu y encienda su imaginación. Escuche la voz detrás de usted diciéndole: "Este es el camino". Piense profundamente; sueñe en una manera expansiva.

Si calibra su brújula con cualquier otra cosa
que no sea la Palabra de Dios y la dirección del
Espíritu Santo es la receta para un naufragio.

Debajo de cada categoría hay una serie de indicaciones en las cuales meditar a medida que comience a escribir su visión para esa área; solo son algunas sugerencias para iniciar. Por ningún motivo limite su imaginación solamente a lo que he incluido aquí. A medida que considera cada área, mantenga en mente sus valores más profundos. ¿Qué es importante? ¿Cuáles son sus prioridades? ¿Qué no había considerado que fuera posible? ¿Cómo quiere ser conocido o recordado en esa área? Asegúrese de escribir en presente, y lo que sea que escriba deberá ser impulsado por un activo más que por un pasivo. Eso significa que, en lugar de decir, por ejemplo, que no quiere tener deudas o sobrepeso, escriba que usted está prosperando y en la mejor condición física. Sabe a lo que me refiero.

Así que comencemos. Estoy limitada por el espacio a cuánta información puedo darle aquí, pero para profundizar en estas doce áreas, por favor, visite www.trimminternational. com o www.trimmcoaching.com para un estudio más profundo. Por ahora, encuentre un lugar tranquilo para estar y enfoque sus pensamientos en lo siguiente. Escriba las imágenes positivas que le vengan a la mente:

1. Su marca personal

¿Tiene claras sus fortalezas personales y cómo añade valor a otros? ¿Qué tan bien entiende las necesidades, carencias y deseos de los que quiere influenciar?

La sociedad anhela figuras fuera de lo común: personas que se destaquen de la multitud, desafíen las probabilidades y logren grandes cosas. Nunca tenga miedo de las cualidades que lo hacen destacar y que atraen la atención hacia usted. La gente se cansa rápidamente de lo aburrido. Provoque y genere tensión por medio de conducir su propio análisis DAFO (debilidades, amenazas, fortalezas y oportunidades). Si quiere atraer éxito y prosperidad, usted debe hacer su marca personal atractiva. ¿Qué es una marca personal? Su marca personal es la percepción de la gente, así como el apego emocional, a la imagen que viene a su mente cuando piensan en usted.

- ¿Cuáles son sus mayores fortalezas? ¿En qué es usted realmente bueno?
- Mencione tres cualidades que lo hagan único.
- ¿Qué lo impulsa y lo motiva?
- ¿Cuáles son sus gustos, y qué no le gusta?
- ¿Cuál es su tipo de personalidad?[16]

- Describa sus tendencias de temperamento y comportamiento.

- Menciones tres personas que verdaderamente admire y explique por qué.

- ¿Quiénes son sus colaboradores más cercanos y qué es lo que dice la vida de ellos de usted?

- ¿Qué tipo de impacto quiere tener? ¿Por qué quiere ser conocido?

- ¿Cuál es su promesa al mundo, a su comunidad, a su profesión, a su familia?

- ¿Cuál es su proposición de adición de valor?

- ¿Qué representa usted?

2. Compañerismo/matrimonio

¿Se encuentra en una relación satisfactoria? ¿Se siente amado? ¿Con cuánta frecuencia le expresa amor a esa persona que ama sobre todas las demás?

- ¿Cómo sería o se sentiría una relación ideal?

- ¿Cómo sería esa relación después de veinte, treinta, cuarenta años?

- ¿Cuál es su lenguaje del amor? ¿Su estilo de comunicación o preferencia?

- ¿Cuál es la dinámica ideal de su relación? (¿Qué espera de su cónyuge?)

- ¿Con qué tipo de persona quiere hacerse viejo?

- Describa su "cita" ideal.

- Describa las cosas necesarias para mantener su matrimonio saludable.

- ¿Qué pasatiempos e intereses mutuos tienen?

- ¿Qué metas tienen juntos (especialmente después de que sus hijos se vayan de la casa)?
- Si no está casado actualmente, ¿cuándo se casará, en qué mes de qué año?
- ¿Su boda se llevará a cabo en una capilla, una iglesia, una sinagoga, un jardín, un salón, un parque o una playa? ¿Cómo son sus anillos?
- ¿Cuántas personas hay en la boda? ¿De qué colores están vestidos? Describa la vestimenta de las damas y de los amigos del novio.
- ¿A dónde se va a ir de luna de miel?

3. Familia (inmediata y extendida)

¿Con cuánta frecuencia disfruta tiempo de calidad con su familia inmediata y su familia extendida? ¿Se siente amado y apoyado? ¿Qué tan amoroso y alentador es usted?

- ¿Cuáles son sus tradiciones familiares favoritas?
- ¿Qué tradiciones pasará a las siguientes generaciones?
- Describa sus valores familiares.
- Describa la herencia cultural de su familia.
- Describa el legado de su familia.
- ¿Qué tipo de herencia dejará?

4. Crecimiento y desarrollo personal

¿Cuánto invierte en su crecimiento y desarrollo? ¿Ha hecho de aprender y probar cosas nuevas una prioridad?

- ¿Qué tipos de relaciones cercanas necesita desarrollar?

- ¿Cuáles son sus metas educativas? ¿Cuál es su plan de aprendizaje de vida?
- ¿Cómo pretende enriquecer continuamente su vida?
- ¿Qué libros le gustaría leer o añadir a su biblioteca?
- ¿Qué tipo de talleres, congresos o credenciales encontraría beneficiosos?
- ¿Qué quiere poseer?
- ¿Qué quiere lograr?
- Escriba las 101 cosas que quiere hacer antes de morir.
- ¿Quiénes son sus mentores?
- ¿Quiénes son sus consejeros, entrenadores o asesores?

5. Carrera/llamado

¿Qué tan satisfecho está con su carrera o con el tipo de papeles que desempeña? ¿Siente que está progresando en las áreas que ha sido llamado a explorar o perseguir?

- Describa lo que haría si supiera que no puede fallar.
- ¿Cuál es su trabajo máximo soñado?
- ¿Cuál es la industria en la que realmente quiere trabajar?
- ¿Qué le gustaría haber logrado?
- ¿Qué haría incluso si no le pagaran?
- ¿Cuál y cómo sería su carrera ideal? ¿Trabaja desde casa? ¿Disfruta estar alrededor de la gente todos los días? ¿Le encanta estar de viaje o "de gira"?

- Describa a detalle su camino de carrera profesional.
- ¿Cuáles son los pasos que necesita tomar para llegar allí?

6. Amigos/colegas

¿Qué tan satisfactorias son sus relaciones sociales? ¿Encuentra el apoyo que necesita entre sus amigos y colegas? ¿Ofrece el tipo de apoyo que siente que debería brindar?

- ¿Qué tipo de relaciones cercanas necesita desarrollar?
- ¿Cuenta con un grupo maestro de apoyo (un grupo de iguales para hacer lluvias de ideas, ejercer tutela y apoyarse entre sí)? Si es así, ¿quiénes son esas personas?
- ¿Cómo es su sistema de apoyo?
- ¿A quién valora más que a nadie más?
- ¿Quién lo valora más a usted?
- ¿A quién le gustaría impresionar más que a nadie más?
- ¿Quién le pide cuentas por sus decisiones?
- ¿Qué relaciones lo refuerzan? ¿Qué relaciones han alentado sus dones para que florezcan?
- ¿Quién lo desafía con pensar en un nivel más alto?
- ¿En quién puede confiar?

7. Redes/alianzas/asociaciones

¿Está usted conectado con los tipos de redes o alianzas que podrían impulsarlo hacia adelante en su campo? ¿Qué tipo de asociaciones estratégicas está cultivando?

- ¿Es miembro de algún grupo profesional o asociación?
- ¿Está usted siendo expuesto consistentemente a nuevas oportunidades de hacer contactos y desarrollar relaciones?
- ¿Quiénes son sus asesores legales y fiscales?
- ¿Cómo son sus relaciones bancarias y de planeación financiera?
- Describa sus relaciones de negocios clave.

8. Recreación y renovación

¿Hace tiempo para divertirse regularmente? ¿Cómo programa tiempo todos los días para descansar y renovarse?

- ¿Cómo se divierte?
- ¿Cuáles son esos pasatiempos u otros emprendimientos creativos que siempre había querido explorar?
- Describa sus vacaciones soñadas.
- ¿Qué hace para refrescar su alma semanalmente?
- ¿Cómo se deshace del estrés?
- ¿Cómo planea reinventarse —como en *recrearse*—?
- ¿Con quién disfruta pasar el tiempo?

9. Crecimiento y desarrollo espiritual

¿Qué tan activamente persigue su propio desarrollo espiritual? ¿Está usted conectado con una comunidad que lo ayuda a crecer espiritualmente?

- ¿Pasa tiempo leyendo y estudiando la Palabra de Dios?

- ¿Cuenta con un sacerdote o pastor que le brinda guía espiritual?
- ¿Toma regularmente "momentos conmigo mismo"?
- ¿Participa regularmente en actividades de desarrollo de carácter?
- ¿Qué pasos tomará con el fin de vivir en una manera más auténtica?
- ¿Cómo podría encontrar mayor satisfacción en ser generoso?
- ¿Cómo sería su día de reposo o *sabbat* ideal?
- Describa momentos espiritualmente enriquecedores que ha desarrollado en su rutina diaria como la oración, la meditación y la adoración.

10. Estabilidad financiera

¿Gana lo suficiente para suplir sus necesidades actuales y ahorrar para el futuro? ¿Tiene un presupuesto y un plan de inversión? ¿Cuenta con un testamento?

- Imagine que todas sus necesidades y metas financieras son suplidas. ¿Cómo es y cómo se *siente?*
- ¿Cómo lo pudo lograr?
- ¿Cómo sería un presupuesto viable? ¿Necesita revisar el actual? (¿O hacer uno?).
- Describa su plan de retiro. ¿Con cuánto dinero se quiere retirar?
- Describa su plan de ahorro e inversión.
- ¿Cómo planea financiar su visión?

- Describa sus inversiones y activos, incluyendo propiedad intelectual, bienes raíces y otros portafolios.

11. Salud, bienestar y condición física

¿Se siente satisfecho con su condición física actual? ¿Qué puntaje les daría a sus hábitos de alimentación y ejercicio, o a su nivel de energía a lo largo del día?

- ¿Cómo sería un programa ideal de acondicionamiento físico para usted? ¿Qué haría y cuándo?
- ¿Cómo sería su patrón de alimentación o estilo de nutrición ideal?
- Si siempre estuviera obteniendo un descanso adecuado, ¿cómo sería su rutina? ¿A qué hora se acostaría? ¿A qué hora se levantaría? ¿Cómo se sentiría?
- ¿Cuál es su peso ideal?
- ¿Cómo elimina el estrés?
- ¿Vive una vida equilibrada en lo emocional, profesional y social?
- ¿Cuál es su estrategia de nutrición y suplementación?
- ¿Cuál es su estrategia de salud mental y emocional?
- ¿Cuál es su estrategia de salud física y revisión médica general?

12. Legado

¿Qué tan satisfecho está con la marca que está dejando en el mundo? ¿Qué está dejando atrás para la gente o las causas que le interesan?

- ¿Qué tipo de impacto quiere tener?
- ¿Cómo lo recordará la siguiente generación?
- ¿Quién continuará con su trabajo?
- ¿Qué industria influenciará?
- ¿Qué tipo de herencia les quiere dejar a sus hijos?
- ¿Cómo sabrá el mundo que usted estuvo aquí?
- ¿Cuáles son las ondas que quiere que la piedra de su vida deje?

CULTIVE LA TENSIÓN CREATIVA

Ahora que ha desarrollado los doce puntos de su brújula, practique enfocándose en esas imágenes positivas que ha creado. La tensión creativa es el resultado de visualizar claramente dónde quiere estar (su visión) y ser honesto con respecto a su realidad actual. La brecha entre la visión y la realidad genera una tensión natural que inspira acción. El autor Peter Senge observa: "La tensión creativa se puede resolver en dos maneras básicas: por medio de elevar la realidad actual hacia la visión o por medio de reducir la visión hacia la realidad actual".[17] No reduzca sus expectativas con base en lo que es actualmente. En lugar de ello, como sugiere Senge: "Aprenda a usar la energía [que genera la tensión] para mover la realidad más fidedignamente hacia [sus] visiones".[18]

Aprovechar la fuerza magnética de la visión es tanto una habilidad como una práctica. Y como con cualquier habilidad, con práctica puede incrementar su capacidad de ver desde nuevas posiciones estratégicas. Sea intencional con respecto a despertar y abrir sus ojos al sin fin de futuros disponibles para usted: cualquier cantidad de destinos potenciales están cabalgando sobre sus decisiones diarias. ¡No se quede dormido en el volante! Piense en lo que el gran poeta estadounidense, W. S. Merwin, lamenta en este poema "El estuario":

> Estamos dormidos sobre cartas de navegación en
> ventanas corredizas
> Estamos dormidos con brújulas en las manos
> Y en la proa del barco de piedra
> la ola de lo último de la Tierra sigue rompiendo[19]

En el capítulo siguiente continuaremos despertando a las cartas de navegación y las brújulas que Dios ha puesto en nuestro corazón y en nuestras manos. Usted seguirá practicando el arte de fraguar la visión a medida que se hace a la vela en los amplios firmamentos de sus mañanas futuros. Con la vista privilegiada de lo que es posible en el horizonte, aprenderá a aprovechar la tensión creativa que estas potencialidades generan. Así que sin importar que usted deje remontar su corazón, aprenderá a mantenerse conectado a tierra por la orientación interna que reside en su alma.

> Aquilate sus visiones y sus sueños como si fueran los hijos de su alma, los planos de sus logros máximos.
> —NAPOLEON HILL

> En el océano de la vida permita que su mente sea el barco y su corazón la brújula.
> —JAMES DAVID MANNING

CAPÍTULO NUEVE

Elabore su lienzo

Genere una visión de quién quiere ser; y luego
viva esa imagen como si ya fuera verdad.
—ARNOLD SCHWARZENEGGER

La Visión que usted glorifica en su mente, el Ideal
que usted entroniza en su corazón: mediante esto
usted construirá su vida, en esto se convertirá.
—JAMES ALLEN

¿QUÉ TIENEN EN común Oprah Winfrey, Kellan Lutz,
Denny Hamlin y Katy Perry? Lo adivinó. Todos
ellos han usado lo que se ha vuelto popularmente conocido como el tablero de la visión, al igual que muchas otras
celebridades famosas, atletas y personas de grandes logros.
La mayoría de la gente piensa que el tablero de visión es un
concepto moderno, pero no es así. Encontramos el mismo
principio utilizado por Jacob en el libro de Génesis. Él entendió el poder del enfoque como si fuera tan universal
como la ley de la gravedad. Probablemente era inspiración
divina, pero discernió que como con cualquier otra ley, el
principio era igualmente aplicable fuera un ser humano o
una cabra. Se encontraba en un conjunto de circunstancias
y las transformó como un maestro artesano.

Después de haber sido estafado repetidas veces por su
suegro, Labán, quien le seguía haciendo trampa con su

salario, Jacob utilizó la atracción gravitacional del enfoque para voltear las cosas. En una negociación con su tío, acordó continuar incrementando el balance general de su operación mediante supervisar la expansión de su rebaño. Acordaron que las cabras de un solo color serían de Labán, mientras que las cabras de muchos colores le pertenecerían a Jacob. Al comprender la ley del enfoque, Jacob colocó ramas de muchos colores frente al lugar donde las cabras estarían meditabundas apagando su sed varias veces al día. Así es como se desarrolló la historia:

> Pero cortó unas ramas de álamo, almendro y plátano, y les quitó la corteza, de modo que podían verse en ellas unas rayas blancas. Luego de pelar las ramas, las puso frente a todos los bebederos, para que las ovejas las vieran cuando vinieran a beber. Y así, cuando las ovejas en celo venían a beber, se apareaban frente a las ramas y tenían crías con piel rayada y manchada. Jacob ponía estas crías aparte, y el resto del rebaño lo ponía frente a los animales rayados y de color oscuro que había dejado Labán. Y así fue formando sus rebaños, sin mezclarlos con los de Labán. Cuando los animales más fuertes estaban en celo, Jacob les ponía las ramas para que se aparearan frente a ellas, pero las quitaba cuando se apareaban los animales más débiles. De ese modo, los animales débiles le quedaban a Labán, y los fuertes le quedaban a Jacob. Fue así como Jacob llegó a ser muy rico, pues tenía grandes rebaños, y también esclavos y esclavas, camellos y burros.
>
> —Génesis 30:37-43, TLA

Ahora bien, si la trayectoria de la línea genética de un animal pudo ser alterada por lo que vio, ¿puede imaginar las posibilidades que le esperan una vez que se discipline a escribir una visión? Hay poder en lo que usted fija sus ojos; al igual que en tablero de visión, que le permite enfocar su vista en un resultado particular que usted quiere generar. Usted podría llamarlo el visor. ¿Cuál es la vista que usted espera encontrar en su futuro? Recuerde, como ya dijimos, funciona en ambos sentidos: si se enfoca en lo que no quiere, solamente obtendrá más de eso.

En lo que sea que se encuentre su enfoque, bueno o malo, es de lo que producirá más en su vida. "En lo que usted se enfoca crece, en lo que usted piensa se expande y en lo que usted permanece determina su destino", escribe la coach de negocios Robin Sharma. En otras palabras, en lo que usted se enfoque se convierte en su realidad. Ese es un principio poderoso. Lo que ocupe su mente finalmente determinará los tipos de decisiones que tomará día a día. Y esto es lo que hace del tablero de visión una herramienta tan maravillosa para enfocarse en la dirección de sus sueños.

Un tablero de visión es su lienzo de posibilidades futura, una representación visual donde las imágenes que usted quiere ver manifestadas en su vida se reúnen para que puedan serle reflejadas constantemente. Podría ser un tablero de corcho con chinchetas, una cartulina para afiches donde pegue imágenes con un lápiz adhesivo, un marco-vitrina decorativo donde coleccione fotografías o artículos pequeños o un tablero clásico decorado con listones en una parrilla diagonal donde pueda insertar y reinsertar fácilmente sus imágenes favoritas.

El vehículo utilizado para mostrar sus sueños y su deseo

no es tan importante como dónde lo coloque. Como con las cabras de Jacob, debe ser colocado en un lugar en el que usted lo vea repetidamente; donde quiera que sea su abrevadero, ya sea la pared de su oficina, el espejo del baño, el armario o el pasillo; donde sea que capture su vista diariamente. La clave es mostrar esa colección de imágenes u objetos de la manera en que quiere que su vida se vea en una manera prominente. Se trata de lo que usted ve de continuo con sus ojos *y* con su mente. Ser capaz de realmente ver lo que su mente consciente desea lograr le ayudará a su mente subconsciente a trabajar a su favor para hacerlo posible. Como se nos dice en Proverbios: cual usted piense en su corazón, tal es usted (Proverbios 23:7). Y como lo ha escuchado decir: "Lo verá cuando lo crea".

CREA SOLAMENTE

El mensaje central del Nuevo Testamento tiene su raíz en el poder de creer. En Romanos leemos que es solamente "por creer en tu corazón que eres declarado justo a los ojos de Dios" (Romanos 10:10, NTV), y en los Evangelios encontramos la directiva simple del Señor Jesús de "cree solamente" (Marcos 5:36; Lucas 8:50). No hay otra manera de ser hecho justo, para entrar al Reino de Dios, para heredar sus preciosas y grandísimas promesas o para obtener vida eterna. Usted debe creer solamente. Es otra ley semejante a la de la gravedad; así como la atracción gravitacional del planeta mantiene sus pies en la tierra, su creencia llena de fe en Dios y su Palabra lo atrae a lo que es posible en el Reino. El Señor Jesús, como leemos en el Evangelio de Juan, es esa misma Palabra en forma humana que "vino a vivir entre nosotros" (Juan 1:14, NTV), y hoy, por su Espíritu Santo, sigue haciendo su hogar en cada corazón que cree.

Por lo tanto, su vida sigue a sus creencias. Si usted quiere cambiar su vida, debe cambiar sus creencias acerca de lo que es posible para usted. "A partir de su sistema de creencias usted genera su realidad", escribe el autor Jami Sell. Así es cómo explica la manera en que todo ayuda a lo que usted realmente piensa:

> Su imaginación toma la información que le ha provisto a partir de su sistema de creencias y genera construcciones mentales que usted impulsa con sus fuertes reacciones emocionales o con su pasión. Usted le suministra información a su sistema de creencias por medio de creer. Usted piensa en algo cuando enfoca su atención en ello. Usted se convierte en lo que contempla. Como la realidad es creada por sus creencias, usted debe cambiar sus creencias para cambiar su realidad. Pensar cambia sus creencias, de modo que para cambiar su realidad usted debe cambiar sus pensamientos. Para cambiar sus pensamientos usted debe cambiar el enfoque de su atención a algo nuevo.[1]

Esa es exactamente la razón porque las imágenes visuales son tan eficaces en ayudarlo a calibrar sus creencias de lo que es posible. Su mente subconsciente, por medio de lo que usted está percibiendo conscientemente, es mucho más probable que abrace un resultado potencial que sus ojos puedan de hecho ver. Sus pensamientos y su imaginación son como el timón del barco, ayudándolo a controlar la dirección en la que navega.

Si usted quiere cambiar su vida, debe cambiar sus creencias acerca de lo que es posible para usted.

Usted va a querer aprovechar tanto el poder de sus palabras *como* el de sus pensamientos. Los pensamientos sin palabras son como un barco sin timón de dirección, mientras que las palabras que no están alineadas con sus creencias son como un timón de dirección que está dañado o parcialmente desprendido. El timón del barco, la típica rueda con manubrios en la cubierta, es lo que controla el timón de dirección debajo del casco en la parte posterior de la nave, y ambos son cruciales para darle dirección con eficacia a su barco y propulsarla hacia adelante. Dicho lo cual, usted debe practicar dirigir tanto sus pensamientos como sus palabras. No obstante, antes de comenzar a expresar su visión —de lo cual hablaremos en el capítulo siguiente— es necesario primero enfocar su mente en imágenes visuales, algo que sus ojos puedan contemplar.

Las imágenes tienen más poder en nuestra mente que las palabras porque nuestro subconsciente está hecho para interpretar lo que vemos como real (por eso nuestras percepciones limitadas —que en realidad son percepciones equivocadas— causan tantos problemas). Por lo tanto, a medida que comience a establecer el nuevo curso hacia adelante, necesitará establecer una imagen mental de cómo luce realmente su destino deseado. Usted hizo esto en una manera natural cuando visualizó cómo quería que su vida luciera en las doce áreas que exploramos en el capítulo anterior. Ahora vamos a tomar esas imágenes que vio en su mente y traerlas al presente tangible mediante su tablero de visión.

COMIENCE CON EL FIN EN MENTE

Quizá Platón no haya sido el primero en observar: "El principio es la parte más importante de cualquier trabajo",[2] pero al haberla dicho, le atribuimos la observación a él. Su estudiante, Aristóteles, siguió el sentimiento con su aserción igualmente famosa: "Un buen comienzo es haber hecho la mitad".[3] La historia sigue probando la validez de esas afirmaciones. Cualquier autor, artista o emprendedor le dirá que lo más pesado viene al principio de cualquier tarea; desde definir el bosquejo de un libro pasando por hacer el plano de un edificio hasta elaborar un plan de negocios estratégico, uno debe comenzar con el fin en mente. Crear una vida que usted ame no es distinto. Por eso Dios le dio la capacidad de soñar. El destino que usted sueñe —o la jornada que usted sueñe emprender para llegar allí— es ese fin con el que está comenzando.

Una *visión* es definida como "la habilidad para pensar o planear el futuro con imaginación" o cierto tipo de discernimiento trascendental, "una imagen mental que proyecta lo que el futuro será o puede ser".[4] Es algo que usted puede ver con anticipación del evento real. Esto es lo que espero haberlo ayudado a hacer al crear la brújula de su vida. Usted creó "la sustancia" de las cosas que está esperando (Hebreos 11:1). Con esos fines en mente, usted puede comenzar a revisar su ambiente o una pila de revistas o escudriñar la internet en búsqueda de imágenes que los representen; dándoles así todavía más sustancia. Despertar y estar alertas a lo que se está buscando es una parte inmensa de estar bien; es comenzar a partir de un lugar de fortaleza. Usted no quiere ser tomado desprevenido, como se dice. Y como Platón estaría de acuerdo, iniciar desde ese lugar despierto de fortaleza lo pondrá en la posición de tener éxito duradero.

Así que la primera tarea, ahora que está despierto a sus deseos, es simplemente comenzar a juntar imágenes de cómo quiere que luzcan las doce áreas de su vida; busque representaciones visuales de la transformación que usted desearía ver en cada área. Solamente por estar despierto y consciente, comenzará a notar imágenes de lo que está esperando ver; ¡y con frecuencia en lugares inesperados! Al pasar por un tablero de información en el café, al ver la cubierta de un panfleto en la fila de la caja, al notar un anuncio en el periódico. ¿Podría ser posible que las mismas cosas que usted está buscando simplemente han estado escondidas frente a sus ojos más allá de su vista?

Comience a entrenar su mente para ver qué está buscando. Encuentre imágenes que capturen su atención y guárdelas; archívelas en una carpeta o deposítelas en una bolsa resellable de un galón o de cuatro litros. También puede hojear cualquier revista que tenga a la mano y comenzar a recortar lo que encuentre allí. Para muchos este será un proyecto más grande de lo que puede hacer un día en una sentada, pero hoy puede comenzar a juntar lo que necesita para hacer "crecer" su tablero de visión en los días y semanas que vienen por delante. Personalmente, he encontrado que identificar las imágenes de lo que verdaderamente quiero ver es el proceso más laborioso de elaborar un tablero de visión.

CÓMO FUNCIONA

Armar su tablero de visión es simplemente elaborar un plano o plantilla del futuro que ha visualizado. Este es el marco de referencia que usará para comenzar a manifestar sus sueños en la realidad. Un tablero de visión lo ayudará no solamente a enfocarse en lo que verdaderamente quiere, sino también a eliminar las actividades que lo distraerán de lograrla. Lo ayudará a clarificar y priorizar lo que es más importante para usted. Esto es lo que hace que el ejercicio del tablero de visión sea tan importante. Lo ayuda a enfocar su atención en lo que quiere y a excluir todo lo demás. El tablero de visión ayuda a su sistema de filtrado de información de su cerebro —conocido como el Sistema Activador Reticular Ascendente (SARA)— a sintonizarse con las oportunidades que lo acercarán más a esa realidad deseada. "Su SARA es responsable de filtrar la información entrante que su cerebro recibe —escribe el autor y experto, Tristan Loo—, y también actúa como receptor de información que está etiquetada como importante".

> Una manera sencilla de conceptualizar SARA es considerarlo como una radio. Usted está rodeado de ondas de radio de diferentes estaciones y su radio portátil puede detectar esos canales, pero solamente uno a la vez. Tiene que sintonizar su radio a la frecuencia específica de su estación de radio favorita con el fin de recibirla apropiadamente. Su SARA no es muy distinto en este respecto.[5]

Según el biólogo Samuel Audifferen: "El cerebro humano puede almacenar entre 100 y 500 trillones de bits de información".[6] Además de esa cantidad masiva de información, su SARA no distingue entre lo que es un evento real y uno imaginario. El tablero de visión le permite explotar este fenómeno por medio de habilitarlo para reprogramar su SARA para que busque estímulos en su ambiente que se identifiquen con sus sueños.

Este filtro de atención selectiva lo hace estar consciente de las cosas que lo pueden ayudar a lograr su meta y es su responsabilidad actuar sobre esas oportunidades cuando se presenten.[7]

Su mente subconsciente responde a fotografías e imágenes que disparan una reacción emocional. Cada imagen en su tablero de visión deberá por lo tanto producir una reacción emocional positiva cuando usted lo vea. Añada palabras y frases a las imágenes que incrementarán la atracción emocional a esas metas ilustradas. Su tablero de visión solamente está limitado por lo lejos que su creatividad e imaginación puedan llevarlo. ¡Rehúsese a ponerse límites al construir su tablero de visión! Manténgalo positivo, motivante y energizado con fe inspirada por Dios, fundado y respaldado por las promesas de su Palabra, "porque todas las promesas de Dios son en él Sí, y en él Amén, por medio de nosotros, para la gloria de Dios" (2 Corintios 1:20).

"He aprendido que el temor lo limita a usted y a su visión —escribe la periodista Soledad O'Brien—. Sirve como anteojeras de lo que podría estar a solo unos pasos adelante en su camino.[8] ¡Mantenga su radio sintonizada a su potencial en el Reino: *todo* lo que puede lograr y llegar a ser por medio de Cristo (Filipenses 4:13)!

ARMÁNDOLO TODO

Una vez que haya reunido todas las imágenes que quiere usar, determine el tipo de lienzo sobre el que las quiere presentar. Como hemos dicho, usted puede usar un tablero de corcho, una cartulina para afiches, un tablero con una parrilla de listones, un marco-vitrina o cualquier pedazo grande de cartulina. Todo lo que necesita es una superficie lo suficientemente grande como para colocar sus imágenes. Dependiendo del tipo de tablero que escoja, puede clavarlas, pegarlas con pegamento o con cinta doble cara. ¡Probablemente no haya trabajado con pegamento y tijeras desde la primaria, así que dele gusto a su niño interno y disfrute el proceso!

Los artículos que decida incluir y la manera en que escoja presentarlos deberán estar ligados energéticamente con las emociones que quiere que su tablero evoque. ¿Cómo lo hace sentir ese estado futuro que está visualizando? Por ejemplo, busque imágenes que provoquen un sentimiento de estar empoderado, de ser amado, próspero, estar tranquilo, ser saludable, fuerte, respetado, involucrado, de tener logros y demás. Estos representan un estado de ser que está visualizando hacia lo que quiere avanzar; como un estado geográfico en el que espera vivir un día. ¿Cómo luce y cómo se siente? ¿Qué elementos, colores, palabras o arreglos podrían ayudar para estimular ese sentimiento en particular? Arregle sus imágenes, palabras y frases en su tablero en una manera que le dé una conexión emocional profunda con su visión. Una vez que esté satisfecho con la manera en que las imágenes están arregladas, pegue, adhiera o clave sus imágenes en su lugar.

Ya que las imágenes estén fijas, añada su propio texto —un versículo escrito a mano, por ejemplo— o si tiene el don de dibujar, acentúe su tablero con las características artísticas que atraerán su atención y su enfoque. Sea creativo y experimente con generar una atracción positiva llena de energía. Usted querrá que su tablero de visión no solamente capture su destino soñado, sino que también inspire su imaginación y encienda una carga apasionada y emocional dentro de su alma. El tablero de visión deberá cargarlo a usted con una pasión renovada cada vez que lo vea.

Con el tiempo, a medida que se acerque más hacia su futuro deseado, algunas de las imágenes quizá no produzcan una impresión tan emocional como solían. Cuando note esto, actualice su tablero de visión con imágenes frescas que todavía lo inspiren. Su tablero de visión siempre debería ser una obra en progreso: un espejo dinámico de los más profundos anhelos que cambie a medida que sus sueños y deseos cambien.[9] Cuando se trata de crear su futuro, la energía que le ponga es la energía que sacará de él.

> Noventa y nueve por ciento de lo que va a afectar nuestro mañana está siendo desarrollado por humanos que están utilizando instrumentos y trabajando en rangos de realidad que no son humanamente sensibles.
> —Buckminster Fuller

> Escribe la visión, y declárala en tablas, para que corra el que leyere en ella.
> —Habacuc 2:2

PASO CUATRO

Atrévase a hacer algo grande

El hombre sin propósito es como un barco sin timón de dirección; un desamparado, un debilucho. Tenga un propósito en la vida, y, teniéndolo, imprima tal fuerza mental y muscular a su trabajo como Dios le haya dado.

—THOMAS CARLYLE

De cierto, de cierto os digo: El que en mí cree, las obras que yo hago, él las hará también; y aun mayores hará, porque yo voy al Padre.

—JUAN 14:12

CAPÍTULO DIEZ

Haga un modelo de voz de su visión

A lo largo de la historia humana, nuestros más grandes líderes y pensadores han usado el poder de las palabras para transformar nuestras emociones, reclutarnos para sus causas y darle forma al curso del destino. Las palabras no solo generan emociones, producen acciones. Y a partir de nuestras acciones fluyen los resultados de nuestra vida.

—Tony Robbins

Nunca separe la vida que usted vive de las palabras que dice.

—Paul Wellstone

HAY UNA HISTORIA de un espía quien, durante el punto más álgido de la Guerra Fría, le vendió secretos de los EE. UU. a los rusos. Aunque se grabó una conversación telefónica incriminatoria, el gobierno no pudo identificar al espía. Durante cinco años continuó divulgando inteligencia sensible, pero no había manera de asociar su nombre con el sonido de su voz. Aunque con el tiempo fue atrapado gracias a la información provista por un desertor ruso, podría haber sido identificado en segundos utilizando una tecnología que se desarrolló más tarde, conocida comúnmente

como tecnología de modelo de voz. Esta tecnología fue
desarrollada para capturar ciertos patrones de voz en una
base de datos y correlacionarlos con un hablante individual.
Este algoritmo creó "un modelo informático de las características vocales de una persona" o un modelo de voz. La periodista Ava Kofman escribe: "Todo el proceso —capturar
algunas palabras habladas, convertirlas en un modelo de voz
y compararlo con otros "modelos de voz" ya almacenados en
la base de datos— puede suceder casi instantáneamente".[1]

El *software* de reconocimiento de voz es ahora parte de
nuestra vida diaria —de Alexa a Siri al control remoto de la
TV— y es un mecanismo de identificación utilizado por la
Agencia de Seguridad Nacional (NSA) junto con las huellas
dactilares y las huellas faciales. Su voz es una de las cosas
más únicas acerca de usted, y es muy importante aprender
cómo aprovecharla. Su voz es poderosa. Se puede asemejar a
una llave que solamente usted puede usar para abrir puertas
de oportunidad diseñadas solo para usted u obtener acceso
al poderoso potencial que usted lleva, así como su teléfono
inteligente que se activa con algún comando de voz. También
es lo que el enemigo quiere evitar que usted descubra.
Quiere que usted suprima su voz; quiere evitar que usted la
encuentre y que la haga oír. Por eso trabaja incansablemente
para erosionar su confianza en levantar la voz o expresarse, y
muy especialmente es la razón por la que inteligentemente lo
distrae de orar.

Solo usted se puede hablar a sí mismo para construir
su futuro. Nadie puede hacerlo por usted. Su mañana
solamente responde a su comando de voz. Depende de usted
que le ordene a su día y determine una cosa que sucederá
(Job 22:28); lo que decida hacer debe "decidirlo y decretarlo".

Cuando declare una cosa, le será firme (Job 22:28). La clave es ser claro en lo que está decidiendo declarar, y esa es exactamente la razón por la que he escrito este libro. Ese conocimiento, junto con conocer la verdad de quién es usted en Cristo, es lo que lo mantendrá prosperando y viviendo una larga vida (vea Oseas 4:6, Juan 10:10 y 3 Juan 2).

EL PODER DE SUS PALABRAS

Sus palabras conllevan tal poder que pueden cambiar el ambiente; no solo la atmósfera, sino el paisaje físico. Estudios han demostrado que las palabras positivas habladas deliberadamente con la intención consciente —como una oración de declaración— han impactado ciudades, recursos hidráulicos y la fertilidad de la tierra positivamente.

En un estudio famoso conducido por el científico japonés, el Dr. Masaru Emoto, fue demostrado que las moléculas del agua cambian de forma en respuesta a las palabras habladas. Las palabras de odio, de crítica provocaban que las moléculas se deformaran y se hicieran feas. Las palabras de gratitud, amor y celebración provocaban que las moléculas se iluminaran en hermosos diseños simétricos.[2] Dicho lo cual, ¿sabía que casi 60% del cuerpo humano adulto es agua? De hecho, el cerebro y el corazón se componen de 73% de agua, ¡mientras que los pulmones son cerca de 83% agua! Al igual que los cristales de agua congelados en el experimento del Dr. Emoto, cada pensamiento, cada emoción, cada palabra hace que sus ondas cerebrales tomen "formas" específicas. Su vida tomará la forma positiva o negativa de las palabras positivas o negativas que usted diga, así como de las emociones positivas o negativas que sienta. ¡Imagínese el impacto por dar gracias por su comida en las moléculas de sus alimentos y bebidas!

Su vida y todo lo que está en ella es afectada por cada palabra que dice.

"Las palabras son las vibraciones de la naturaleza —escribe el Dr. Emoto—. Por lo tanto, las palabras hermosas crean una naturaleza hermosa. Las palabras feas crean una naturaleza fea".[3] La Biblia lo dice así: "La muerte y la vida están en poder de la lengua" (Proverbios 18:21). Quizá no sienta como si estuviera viendo el efecto de sus palabras en sus circunstancias o en el ambiente a su alrededor, pero siempre están influenciando el cambio en todos lo niveles. Las palabras de gratitud, al igual que semillas, harán brotar más de aquello de lo que usted está agradecido, mientras que las palabras refunfuñonas harán brotar como espinos más cosas de las cuales refunfuñar. Sea cuidadoso con las palabras que dice y utilícelas para crear los cambios que quiere ver en su vida, en sus relaciones, en sus circunstancias y en su futuro.

ENCUENTRE SU VOZ ÚNICA

Dios le ha dado un modelo de voz único, así como le ha dado una huella dactilar única en su tipo. Usted es una obra formidable maravillosa como escribe David en el Salmo 139:14. Hay dones que Él le ha heredado solamente a usted (1 Pedro 4:10-11) y propósitos que solo usted puede cumplir en este momento de la historia.[4] Estos dones y llamados únicos han sido sembrados en su corazón por Él como deseos: sueños de toda la vida y visiones que le son únicos. Si se remonta a su niñez, puede probablemente recordar cuando descubrió por primera vez un interés o un talento o incluso ciertas experiencias y encuentros que ahora sabe que lo estaban formando. Todas estas cosas, ¿qué están sugiriendo acerca de su voz única y del sonido único que lleva con usted?

Recuerde que *voz* se refiere a su "tono o estilo distintivo"; con base en la palabra en latín *vocare*, la cual significa "clamar" y que denota un "espíritu invisible o fuerza que dirige o sugiere".[5] La misma raíz, *vox*, se encuentra en las palabras *invocar*, que significa instar o recurrir, *evocar*, que significa dar lugar a, y *provocar*, que significa incitar: todas ellas palabras de activación.[6] Su voz, en otras palabras, es una fuerza de activación. El sonido de su voz transmite ondas de energía —una frecuencia única de "energía radiante que es transmitida por ondas longitudinales de presión"[7]— que generan una fuerza energética poderosa. Esta fuerza de energía pasa a través de ciertas barreras, a diferencia de la luz. En otras palabras, la energía luminosa no puede traspasar una pared, mientras que la energía sonora sí (¿alguna vez ha escuchado acerca de la necesidad de hacer una pared a prueba de luz?).

Mientras que quizá no pueda hacer brillar una luz a través de una pared, puede hablar luz a través de ella. Su tono distintivo es una fuerza invisible que se abre paso, llama a la existencia y dirige energía transformadora. Por sí solo usted tiene el poder de usar su modelo de voz para modelar su futuro. Usted puede escoger hablarle vida y luz a su futuro, o algo más. Usted puede decidir abrir la puerta de la posibilidad o seguir llamando a la puerta de la frustración y la futilidad. Me imagino que usted está leyendo esto porque quiere avanzar a un mejor, más brillante, más alto lugar de influencia y plenitud; un lugar que usted sabe que es posible simplemente porque ha sido capaz de imaginarlo. Ya que ha aprendido cómo pensar como un visionario por medio de practicar el arte de la posibilidad.

Usted ha dominado cómo elaborar su visión a la luz de sus valores específicos en el capítulo 8 (la brújula de su vida) y de presentarla en el mundo real en el capítulo 9 (su tablero de visión); y hemos hablado de cómo poner en práctica el poder de la visualización. Ahora pongamos manos a la obra de darle voz verdaderamente a su visión. Una serie de proposiciones de visión bien redactadas que usted pueda recordar y repetir diariamente le añadirá más combustible a la llama de la visión que usted ha encendido. Ya aprendió cómo pensar y ver como si su visión fuera una realidad; ahora aprenderá a hablar como si así lo fuera. Cuando usted es capaz de expresar claramente lo que quiere que suceda, comenzará a hacer un modelo de voz de su futuro. Su realidad deseada comenzará a tomar forma.

Sus palabras tienen el poder de cambiar
su dirección, así que utilícelas sabiamente
a medida que navega en la nave de su
vida hacia la nueva tierra distante.

Usted es el autor de la historia que quiere que cuente su vida. Depende de usted darle al héroe que imaginó —ese es usted— una voz única y poderosa. A través de una serie de proposiciones de visión claramente expresadas que usted declare sobre su futuro, comenzará a construir esa estructura, así como un astillero elabora el esqueleto de una nave. Usted ya creó un plano con su tablero de visión; ahora erigirá una estructura sólida por medio del poder de sus palabras.

Su vida es como barro crudo que ruega por ser moldeado. Así como el cosmos sin forma fue configurado por las palabras que Dios habló cuando declaró: "Sea la luz" (Génesis 1:3), es su responsabilidad hablar luz y forma en su propia vida. En el Nuevo Testamento se nos dice: "Por la fe entendemos que Dios creó el universo por medio de su palabra, de modo que lo que ahora vemos fue hecho de lo que no se veía" (Hebreos 11:3, RVC). Usted le puede dar forma a su visión por las palabras que dice acerca lo que le gustaría que tomara forma en cada área de su vida. Hable "como si", justo como aprendió a escribir, pensar y ver "como si" utilizando proposiciones positivas redactadas en presente. Al utilizar proposiciones firmes tipo "yo soy", por ejemplo, usted comienza a estructurar activamente su futuro y a moldearse a usted mismo para encajar en la forma de la realidad futura que usted ha visualizado. No subestime el poder de sus palabras para dirigirlo a usted más cerca de la vida de sus sueños. El libro de Santiago, al hablar del poder de las palabras dice: "Mirad también las naves; aunque tan grandes, y llevadas de impetuosos vientos, son gobernadas con un muy pequeño timón por donde el que las gobierna quiere" (3:4). Sus palabras tienen el poder de cambiar su dirección, así que utilícelas sabiamente a medida que navega en la nave de su vida hacia la nueva tierra distante.

Vea su tablero de visión y las imágenes que ha recolectado que representan la manera en que quiere que luzca su vida en las doce áreas de las que hablamos en el capítulo 8. Describa cómo luciría su vida y sienta el momento presente con base en lo que ve. Escriba una breve proposición conjugada en presente acerca de cómo sería su vida actualmente si fuera como la visualizó para cada una de las doce áreas. Coloque estas proposiciones cerca de donde ha puesto su tablero de visión o donde sea que las vea con frecuencia y pueda declararlas con firmeza en voz alta cada vez que lo haga.

CORRA PARA GANAR

Los corredores de obstáculos tienen una perspectiva única con respecto a correr. Usted jamás va a escuchar a su entrenador decirle al corredor: "¡Cuidado con esos obstáculos!". En lugar de ello, los entrenadores preparan a sus corredores para "atacar" el obstáculo directamente en lugar de desacelerar para saltar cuidadosamente la barrera. Atacar el obstáculo a máxima velocidad evita que los corredores rompan su ritmo de modo que puedan mantener el impulso. El mismo impulso temerario que propulsa a los corredores sobre los obstáculos, también puede propulsar su visión. Se deben esperar obstáculos en la vida: las crisis, los cambios inesperados y las decepciones son inevitables. La clave para vencer estas dificultades es la manera en que se acerca a la barrera. En lugar de permitir que el temor, la duda o la indecisión reduzcan su impulso, atacar el obstáculo con confianza lo llevará por encima de él.

Para un corredor, esta estrategia requiere fuerza física y entrenamiento de resistencia. Para un visionario, esto requiere que usted encuentre y fortalezca su voz. Un corredor puede ver la meta, sin embargo, debe utilizar sus piernas para que lo lleven a ella. Usted tiene la visión de un futuro deseado y debe usar su voz para propulsarlo en esa dirección. Su voz le da piernas a su visión.

Su voz es como un músculo que puede fortalecer. Y, como un músculo, es fortalecida al encontrar resistencia. Usted debe disciplinar sus palabras y alinearlas con dónde quiere ir sin importar los obstáculos que encuentre. Debe hablar con propósito, así como un corredor corre con propósito. Si usted ha leído cualquiera de mis libros —desde *Declara bendición sobre tu día* a *The 40 Day Soul Fast* [El ayuno de 40 días del alma]— usted ya sabe lo apasionada que soy con el poder de sus palabras para cambiar su vida, sus circunstancias y su destino. Y eso sucede principalmente porque el poder de sus palabras tiene que impactar sus propios pensamientos.

Se cree comúnmente que, para cambiar la manera de hablar, uno debe cambiar su manera de pensar. Pero, así como poner una sonrisa en su rostro cambia su disposición, hablar palabras positivas cambia los senderos neurales de su mente. Es imposible decir palabras de gratitud y tener al mismo tiempo pensamientos de resentimiento. De hecho, bendecir a alguien o incluso sus alimentos, es probablemente más benéfico para la salud de su propia alma que cualquier otra cosa. Así que aproveche el poder de sus palabras para alinear sus pensamientos con la visión que usted tiene en su mente.

Su mente está predispuesta a repasar las historias que se ha acostumbrado a decirse a sí mismo: repetir los viejos libretos que no le están sirviendo a su visión. Para silenciar este saboteador interno, necesita reescribir el programa. Tendrá que ir más allá de los pensamientos que tiene en la superficie de su mente despierta consciente a la cantera de su sistema de creencias que yace dentro en lo profundo. La manera más eficiente de reprogramar su subconsciente es exponerlo al sonido de su voz contando una nueva historia. Esta poderosa práctica ayudará a silenciar las voces interiores que lo mantienen atrapado en la vieja narrativa.

> Cada uno se sacia del fruto de sus labios, y de la obra de sus manos recibe su recompensa.
>
> —PROVERBIOS 12:14, NVI

APÓYESE EN EL TEMOR

No hay nada que nos haga tropezar con tanta eficacia como nuestros propios temores, sean imaginarios o de otra índole. Elaborar una visión y verla realizarse requiere valentía; y esa valentía requerirá que usted encuentre su voz y que esté dispuesto a hacerla oír. "Valentía —según el autor Brené Brown—, originalmente significaba 'decir lo que uno piensa por medio de decirle a todos lo que hay en su corazón'".[8] El temor es una invitación a hablar. Es una invitación a ver dentro de uno mismo y "decirle a todos lo que hay en su corazón".

El temor en sí no es el enemigo, y si lo fuera, no tiene absolutamente ningún poder más que el que usted le dé. De hecho, el temor es simplemente una fuerza que usted puede usar ya sea para impulsarlo hacia adelante o mantenerlo atado. Usted puede de hecho decidir aprovechar la energía que genera el temor para su propio bien mayor. El comediante Bob Newhart lo dice de esta manera: "El temor es un amigo que me viene a visitar justo antes de cada presentación y ha estado viniendo durante 52 años".[9] El temor es un motivador e indica que está creciendo y desarrollando capacidad por medio de estirarse más allá de su zona de confort. El temor lo compele a vestirse el uniforme y presentarse a la batalla: pintar su raya, tomar una posición y declarar su verdad.

Cuando se sienta ansioso, hable a su corazón por medio de hacer afirmaciones positivas; estas son simplemente confesiones de fe cargadas de energía. No descuide el poder de sus palabras llenas de fe. La fuerza que llevan sus palabras redirige energía para reforzar y sostener su visión al mismo tiempo de animar y fortalecer su corazón. Abrace el poder de su voz para propulsar su visión hacia adelante. Usted debe tener doce proposiciones conjugadas en presente que capturen su visión de cómo son las cosas en el futuro. Usted debe redactar una narrativa más grande de la historia que esas circunstancias futuras "presentes" cuentan y redefinir cualquier duda o temor con afirmaciones positivas que refuercen la verdad.

Usted no solamente enfrentará oposición o resistencia desde el interior de su propia mente —consciente o subconsciente—, sino ciertamente la encontrará desde el exterior: las circunstancias que se le oponen, los obstáculos que están en su camino o las opiniones de los demás que pueden inmovilizarlo. Usted no solo puede utilizar su voz para neutralizar las circunstancias negativas, remover obstáculos del camino, disipar las tinieblas e incluso calmar tormentas (como se nos dice que hizo el Señor Jesús en Marcos 4:35-39), pero puede hablar vida a las oportunidades que siente que se han marchitado y pasado de largo; usted puede hablar luz donde hay confusión y caos, y verdad donde las fuerzas engañosas conspiren en contra de su propósito.

Su visión actúa como un mapa, sus valores como su brújula, sus pensamientos y su imaginación como el timón de la nave, sus palabras como el timón de dirección y su fe como sus velas. Estas cosas trabajan juntas para darle dirección a su vida y hacerla avanzar. Considere la historia de Jack Ma, quien nació en una familia que compartía el ingreso de $7 dólares al mes entre seis personas. En 1972, a la tierna edad de seis años, recuerda haber escuchado acerca de que el presidente Nixon se reunió con el presidente Mao Zedong, un evento que solidificó la relación comercial entre China y los Estados Unidos. No tenía idea de cómo usaría esta información para generar cambio en su país, pero era una semilla que estimuló su visión.[10]

A medida que los eventos de su vida se desarrollaban, Ma resultó ser un estudiante deficiente; era terrible en matemáticas y se le negó la admisión dos veces a lo que él describe como la "peor universidad" de su ciudad natal. El rechazo parece ser la pluma que escribió su historia de éxito, ya que le fue rechazada la admisión a Harvard diez veces. Una vez solicitó un empleo en Kentucky Fried Chicken junto con otras veintitrés personas, quienes todas fueron contratadas; Ma no lo fue.[11]

Mientras visitaba a un amigo en Seattle, Ma descubrió la internet y comenzó a explorar el mundo del comercio en línea. Vio el potencial de que China entrara al mercado de negocios en línea creyendo que facilitaría las oportunidades para que las pequeñas empresas allí hicieran negocios con el resto del mundo. Esto se convirtió en su única visión; y, finalmente, después de muchos fracasos y rechazos, lanzó su empresa Alibaba. Alibaba se hizo pública en 2014 con la mayor oferta pública inicial de la historia, con un total de $25 millardos de dólares. Ma actualmente se encuentra entre las veinte personas más ricas del mundo.[12]

HÁGASE ESCUCHAR POR ENCIMA DEL RUIDO

¡Parte de encontrar su voz es, de hecho, hacerse escuchar! Tan importante como es simplemente declarar su visión, también debe compartirla; no solo con su familia y sus amigos, sino también con una red más amplia en su comunidad y con otros en su campo. Entre más comparta su visión, más poder le da, tanto por medio de reforzarla en su mente, así como mediante obtener el apoyo de otros. Esto lo posicionará para un éxito mayor como líder y persona de influencia. Como escribió la consultora de administración, Marya Axner: "Aprenda cómo usar su visión para liderar, para movilizar e inspirar a la gente, de modo que otros se le quieran unir para hacer su visión una realidad".[13] Ella continuó:

> Hable con la gente acerca de su visión tanto como pueda. Dígales lo que está pensando. Deles su panorama de las cosas. Luego escuche. Vea si hay otras personas preocupadas por las mismas cosas que usted [...] Entre más hable con la gente y la escuche, más clara se volverá su visión [...] No todos tienen que estar de acuerdo con su visión necesariamente para que sea buena; pero si la gente se anima y se interesa en conversar con usted acerca de su visión, es una señal de que va en buen camino.[14]

Escuchar a la manera en que otros responden e incorporar nuevas ideas y sugerencias que surjan de ello solo fortalecerá su visión. Compartir su visión —o incluso componentes de ella— lo ayudará a refinarla por medio de traer una mayor claridad, así como hacerla crecer a través de las percepciones e ideas de otros.

¿Es su visión mayor que usted y que lo que puede hacer solo? ¡Seguramente habrá componentes de su visión que requerirán que se asocie con otros, que inviten a la colaboración y a aprovechar el poder de la sinergia que se genera cuando su visión y la de alguien más colisionan!

En la Biblia, Dios compartió su visión para la humanidad. Compartió la expectativa positiva que tenía para su pueblo (Juan 10:10). Al hablar con su siervo Jeremías, abiertamente compartió la visión que tenía para el futuro: "Porque yo sé los pensamientos que tengo acerca de vosotros, dice Jehová, pensamientos de paz, y no de mal, para daros el fin que esperáis" (Jeremías 29:11). Dios también le enseñó a su pueblo:

"Escribe la visión, y declárala en tablas, para que corra el que leyere en ella" (Habacuc 2:2).

HABLE PARA GENERAR UN CAMBIO

Fraguar la visión —y elaborarla— no es un evento de una sola vez. Tiene que ver con volver a redactar su diálogo interno, rehacer el paisaje en el interior de su mente y redirigir los senderos neurales profundamente arraigados. La "visioingeniería" tiene que ver con el arte y la ciencia de usar la neuroplasticidad del cerebro (lo que exploramos en el capítulo 6). Tiene que ver no solo con pensar con consciencia plena para un cambio, sino también con hablar con consciencia plena para la transformación de toda su vida.[15]

Uno de los precursores en el campo de la psicología positiva, junto con Dale Carnegie y Norman Vincent Peale, fue Wilfred Arlan Peterson. Él entendió el alcance de la neuroplasticidad para enmarcar la experiencia humana y el poder que tiene cada uno de nosotros para darle forma a nuestra realidad.

> Al igual que un solo paso no abrirá un camino en la tierra, un solo pensamiento no abrirá un sendero en la mente. Para abrir un camino profundo físico, pasamos por allí una y otra vez. Para hacer un camino mental profundo, debemos pensar una y otra vez el tipo de pensamientos que queremos que dominen nuestra vida.[16]

Su vida es gobernada por sus pensamientos; y la mejor manera de dirigir sus pensamientos es dirigir sus palabras. Usted le tiene que decir a su mente qué pensar.[17] Cómo pensar y hablar es cuestión de hábito. Cambiar un hábito o estilo de vida al que se ha acostumbrado es difícil; requiere convicción, valentía y fuerza de voluntad aplicadas a lo largo del tiempo para verdaderamente cambiar el curso de su vida.

Usted ha elaborado una visión clara y atrayente con base en sus valores básicos. Usted ha aprendido a pensar como un visionario y a utilizar el poder de un tablero de visión y la práctica de la visualización para acercarlo más a esa visión todos los días. Usted ha redactado los borradores de poderosas proposiciones de visión que puede repetir y compartir. Ha aprendido cómo usar la fuerza de sus palabras para magnetizar su visión y el poder de su voz para salvaguardarla y amplificarla. Más importante, ha aprendido el impacto que puede tener compartir su visión en su propia vida y en el mundo a su alrededor.

Cuando usted es capaz de expresar claramente lo que quiere que suceda, comenzará a hacer un modelo de voz de su futuro. Aproveche el poder de sus palabras para alinear sus pensamientos con la visión que usted tiene en su mente del futuro; reforzada con la fuerza de su expectativa positiva. Vea el apéndice para algunas declaraciones y oraciones poderosas basadas en la Biblia para ayudarlo a comenzar a utilizar el poder de las palabras.

> Les digo la verdad, ustedes pueden decir a esta montaña: "Levántate y échate al mar", y sucederá; pero deben creer de verdad que ocurrirá y no tener ninguna duda en el corazón.
>
> —Marcos 11:23, NTV

> Grábense estas palabras en el corazón y en la mente [...] Enséñenselas a sus hijos y repítanselas cuando estén en su casa y cuando anden por el camino, cuando se acuesten y cuando se levanten.
>
> —Deuteronomio 11:18-19, NVI

CAPÍTULO ONCE

Encienda su genialidad divina

Estoy convencido de que toda la humanidad
nace con más dones de lo que sabemos. La
mayoría nace siendo unos genios y simplemente somos "desgenializados" rápidamente.
—Buckminster Fuller

En las más pequeñas porciones de tiempo
nos encontramos con nuestras mayores
oportunidades para convertirnos en lo
que somos capaces de llegar a ser.
—Robert Cooper

A medida que he estudiado la vida de los genios que han
hecho historia, he llegado a descubrir algunos denomina-
dores comunes. Ya hemos hablado el afamado *saper vedere*
—"saber cómo ver"—, pero hay otros métodos de contra-
rrestar la "desgenialización" de la que habla Fuller en la cita
anterior. En este capítulo, quiero ayudarlo a activar algunas
estrategias sencillas y al mismo tiempo poderosas que en-
ciendan su genialidad y añadan combustible para impulsar
a su visión.

En mis años de trabajar con personas de distintas
partes del mundo y de todos los estilos de vida, lo que
más me ha preocupado es cómo muchos no están al tanto
o simplemente ignoran su propia genialidad divina. Esta

observación ha propulsado mi misión para empoderar a la gente y descubrir su más alto propósito y maximizar su mayor potencial. Esta es la fuerza impulsora detrás de todos mis libros; desde mi serie de libros de oración[1] a *Declara bendición sobre tu día*, pasando por *PUSH* y *Proclaim* [Proclama] a *History Maker* [Hacedor de la historia]. Incluso la *Soul Series* [Serie del alma] ofrece diferentes aspectos de cómo recuperar su poder personal de una vez por todas.[2] Nada me entristece y me frustra más que ver a las personas malgastar su potencial. Dicho lo cual, si hay algo que lo entristezca profundamente o lo frustre, debe ser una clave de su propio propósito y llamado más altos. Como dijimos en el capítulo 4, donde se cruzen sus deseos, sus causas y sus valores básicos es dónde encontrará la idea maestra del propósito de su vida.

Si usted quiere servir, sirva con propósito. Si quiere dar, dé con propósito. Si quiere liderar, lidere con propósito. Aprenda cómo aprovechar la riqueza de su propia genialidad divina.

SU GENIALIDAD Y SU SUEÑO

Recuerdo la historia del soñador que hizo historia, José, el hijo, nieto y bisnieto de los grandes patriarcas de la fe: Jacob, Isaac y Abraham. Cuando "José el Soñador"[3] fue a trabajar con Potifar como jornalero en su propiedad, no pasó mucho tiempo para que estuviera a cargo del lugar. ¿Seguía siendo un esclavo? Sí. Potifar estaba a cargo —no hay duda de ello—, pero Potifar era un general del ejército, no un agricultor o un administrador de haciendas. Era bueno para ganar batallas, pero no para cultivar y almacenar grano, obtener la mejor oferta para su excedente en el mercado o manejar los asuntos cotidianos de su hacienda. Si José solo hubiera hecho lo que Potifar le pidió, la hacienda de Potifar no hubiera sido mejor de lo que había sido anteriormente. Pero bajo José, sus activos crecieron como nunca.

¿Por qué? Porque José entendió cómo conectarse con su genialidad divina para servir mejor a su amo. Tenía un don para aprender y administrar. Podía incorporar las lecciones de su padre sobre cómo administrar una gran hacienda y mejorar los sistemas y prácticas que Potifar ya tenía en funcionamiento. Estudió las empresas de los alrededores para tomar sus mejores prácticas y convirtió las operaciones de Potifar en una empresa cada vez más próspera. José ayudó a Potifar a obtener lo que quería, pero no por medio de solo hacer lo que Potifar pensaba que José necesitaba hacer. José tomo la iniciativa para aplicar su genialidad a los asuntos de Potifar, y cuando lo hizo, Potifar le delegó autoridad ejecutiva para tomar decisiones porque "vio […] que Jehová estaba con él, y que todo lo que él hacía, Jehová lo hacía prosperar en su mano" (Génesis 39:3).

Algunas veces necesita ver más allá de lo que las personas le piden hacer, porque la mayoría de las personas no saben lo que quieren, ya no se diga cómo obtenerlo. Tropiezan, buscando alguna versión evanescente de éxito, como si estuvieran deambulando en una tormenta esperando ser golpeados por un rayo. Están buscando su gran oportunidad, esperando que llegue su barco, persiguiendo el siguiente recodo escalera arriba, sin pensar mucho en ir en pos de un destino impulsado por el legado que dejarán. Es en navegar más allá de las olas conflictivas de las necesidades y opiniones de otras personas que usted descubrirá el terreno más alto del verdadero éxito, prosperidad y plenitud.

Usted debe apropiarse de su propio destino divino y

ser estratégico con respecto a hacerlo realidad. Depende de usted comprender, iniciar y perseguir tenazmente su potencial mayor. Vendrá el día en que se le pedirá que dé una respuesta por las decisiones que ha tomado, cuando usted tendrá que ver en el reflejo de ese "fin" que Dios imaginó para usted y reconocer la manera en que usted se aplicó a él. En ese momento, cuando Él le muestre cómo ve su identidad en Cristo y la autoridad que le ha dado en su nombre —la "esperanza de gloria" del mundo (Colosenses 1:27)— ¿se habrá quedado corto? Creo que esa es la razón por la que está leyendo este libro. Usted está buscando ser ese "buen siervo y fiel" (Mateo 25:21-23).

CÓMO PONER A TRABAJAR SU GENIALIDAD

Así que, ¿cómo puede comenzar a conectarse con el poder de su genialidad única? Gina Rudan, autora de *Practical Genius* [Genialidad práctica], define *genialidad* como la intersección de sus "fortalezas únicas, habilidades, experiencia, pasiones, creatividad y valores".[4] En los extremos de ese espectro de características, encontramos fortalezas y valores. Si examinamos la intersección de valores y fortalezas, con los valores en el eje horizontal y las fortalezas en el eje vertical, generaría una gráfica que se vería más o menos así:

	ES BUENO EN ELLO	
NO ES IMPORTANTE	En cuanto pueda deléguelo	¡Hágalo y disfrútelo!
	Deléguelo	Es preferible delegarlo
	NO ES BUENO EN ELLO	**IMPORTANTE**

Consideremos cada uno de estos cuadrantes.

Valor bajo/fortaleza baja (inf. izq.)

Estas son las cosas que no son tan importantes y en las que no es bueno en ellas. Son trampas de tiempo comunes que evitan que logre sus metas mayores, y que son, en buena parte, literalmente un total desperdicio de su tiempo. Si se necesita hacer algo en esta área, deléguelo.

Valor alto/fortaleza baja (inf. der.)

Estas cosas son importantes, pero usted no es tan bueno en ellas. Estas podrían ser actividades —como contabilidad, jardinería o incluso limpiar la casa— que alguien más probablemente podría hacer con mayor eficiencia y economía. Aunque usted puede hacer estas cosas porque son importantes, es mejor delegarlas ya que usted no es bueno en ellas.

Valor bajo/fortaleza alta (sup. izq.)

Usted es bueno haciendo estas cosas, pero no producen un alto retorno sobre su tiempo invertido; ni le dan mucha satisfacción o alegría. Quizá las haga bien, pero pueden dejarlo sintiendo exhausto o distraerlo de hacer actividades con un valor más alto. Le puede delegar estas cosas a otros según se necesite.

Valor alto/fortaleza alta (sup. der.)

Esta es la zona de genialidad. Estas son las cosas en las que se destaca que lo hacen avanzar en una manera significativa; cosas que nadie más puede hacer mejor que usted y que lo dejan sintiéndose energizado. Aquí es dónde su creatividad va más allá de sus límites y usted siente el peso de su contribución marcando una diferencia. Usted le está dando esa presentación a un auditorio lleno de gente, escribiendo ese libro, creando esos videos, haciendo su podcast, guiando un ejercicio para el negocio o la organización que lo ha contratado como consultor; las actividades primarias sobre las que su carrera o empresa están construidas.

Así que aparte de eliminar las actividades de valor bajo/fortaleza baja (desperdicio de tiempo) y probablemente incluso las de valor bajo/fortaleza alta (solo porque haga algo bien no significa que usted —o alguien más— deba hacerlo), se queda con la opción de delegar las actividades de valor alto/fortaleza baja. Dicho lo cual, probablemente no sienta estar actualmente en una posición para delegarle las actividades de valor alto/fortaleza baja a alguien más, sin embargo, todavía puede delegarlas —o relegarlas— a momentos específicos y limitados de su día. Sin meternos demasiado en técnicas de administración del tiempo, usted puede realizar en tanda actividades similares para que sea más fácil permanecer enfocado en sus actividades de la zona de genialidad durante la mayor parte de su tiempo.

En uno de sus comentarios recientes en su podcast, el autor y emprendedor Jonathan Fields hizo estas preguntas:

> ¿Qué pasaría si hiciera pedazos su horario y lo reconstruyera alrededor de su habilidad para dar a luz la genialidad? ¿Qué pasaría si comenzara con un horario en blanco, vacío, y luego le añadiera cuatro o cinco horas al día de ráfagas fluidas en las que se entregara con abandono al "modo de desarrollo" en una manera ininterrumpida hiperenfocada? ¿Qué pasaría si entonces, y solo entonces, le añadiera de vuelta una pequeña cantidad de artículos del "modo de administración" [...] pero solo lo que pudiera caber en una ventana designada de dos a tres horas todos los días?

> ¿Y qué pasaría si mantuviera este horario durante una
> semana o un mes o una temporada?[5]

Esto no es distinto de la ilustración que dio hace años Stephen R. Covey cuando comparó la administración del tiempo a llenar un jarrón con arena y piedras. En un ejemplo, primero metió la arena, seguida de piedras más pequeñas de modo que las piedras más grandes no cupieron. Por el contrario, cuando insertó primero las piedras más grandes, representando los artículos con el valor más alto, seguidas de las piedras más pequeñas y, finalmente, la arena de las minucias, todo cupo (¡incluyendo las minucias!).[6]

Una cosa es tener prioridades, pero es otra bastante distinta darle la prioridad al tiempo necesario para, de hecho, lograrlas. Al apartar intencionalmente bloques de tiempo que lo mantendrán en ese cuadrante en el que usted opera a partir de su genialidad —donde sus fortalezas y valores más altos se cruzan— usted acelera su éxito e impacto.

MAXIMICE SU ZONA DE GENIALIDAD

Cuando usted se encuentra operando plenamente en su zona de genialidad dada por Dios, se podría decir que ha encontrado su *flujo*: "El estado mental en el que una persona que está desempeñado una actividad está plenamente inmersa en un sentido de enfoque energizado, participación plena y disfrute en el proceso de la actividad".[7] Esto también es comúnmente conocido como "estar en la zona" y que es algo que se escucha con más frecuencia en relación con el desempeño atlético. No obstante, según el psicólogo Mihály Csíkszentmihályi, quien popularizó el término *flujo* a principios de la década de 1990, es simplemente un "estado óptimo de conciencia en el que nos sentimos mejor y nos desempeñamos al máximo". Explica: "Todo su ser se involucra, y usted está usando sus habilidades al máximo".[8]

Esto también significa que lo que está haciendo es justo lo suficientemente desafiante para estirarlo, pero no tan desafiante que lo estrese. La clave es encontrar ese equilibrio y mantenerlo —y, por lo tanto, su enfoque energizado— tanto como sea posible. Si va a recoger la cosecha de la visión que ha estado plantando, debe aprender a cultivar como un experto tanto su energía como su tiempo.

En su libro *The Power of When* [El poder del cuándo] Michael Breus argumenta que la biología de cada persona está predispuesta a ser más productiva en ciertos momentos del día. El Dr. Breus delinea cuatro cronotipos que explican cómo un individuo está inclinado naturalmente a funcionar durante el día y la noche. Estos cuatro tipos son representados con el lobo, el oso, el león y el delfín. Un tipo-lobo, por ejemplo, es más nocturno, mientras que un tipo-león es el madrugador orientado a la mañana. El tipo-oso disfruta una buena siesta, mientras que el tipo-delfín tiene menos gusto por dormir en general.[9] Conocer su cronotipo puede ayudarlo a entender cuándo es el mejor momento del día (o de la noche) para operar en su zona de genialidad y encontrar ese estado de flujo óptimo. El Dr. Breus ofrece un cuestionario gratuito en línea que lo habilitará rápidamente para descubrir su propio cronotipo.[10]

Otro libro recién publicado: *When: The Scientific Secrets of Perfect Timing* [Cuándo: los secretos científicos de la oportunidad perfecta], por Daniel H. Pink, también explora cuándo es el momento optimo del día de una persona para diferentes actividades. Ofrece una perspectiva más universal de cuándo se deberían realizar cierto tipo de tareas. Por ejemplo, Pink indica que la mañana es un mejor momento para ciertas actividades, mientras que ciertas actividades se deberían evitar entre el inicio y el punto más bajo de la media tarde a causa de que nuestro juicio podría verse afectado. No obstante, Pink concuerda en que los cronotipos sí tienen cierto efecto.[11] Generalmente, los expertos en desempeño humano concuerdan en que los que aprovechan al máximo sus mañanas se posicionan para una mayor productividad y éxito.[12] Y la Biblia tiene múltiples ejemplos de personas que se levantaron muy temprano en la mañana para realizar tareas importantes. Después de que soñó con la escalera, "se levantó Jacob de mañana" para alzar una columna de piedra y hacer su voto (Génesis 28:18). Cuando era tiempo de pelear la batalla de Jericó "Josué se levantó de mañana" (Josué 6:12). Y cuando estaba saliendo al campo de batalla donde los hijos de Israel estaban enfrentando a los filisteos, incluyendo a Goliat, "se levantó, pues, David de mañana" (1 Samuel 17:20).

Si va a recoger la cosecha de la visión que ha estado plantando, debe aprender a cultivar como un experto tanto su energía como su tiempo.

Basta decir que la oportunidad podría ser muy bien todo. Así que no solo puede usted expandir su zona de genialidad por medio de entender *qué* es lo más valioso para que usted se enfoque, sino que lo puede turbocargar por medio de entender *cuándo* es más valioso para usted. El éxito en cualquier emprendimiento depende de administrar sus recursos; y sus mayores recursos son su tiempo y su energía. Cuando usted sea capaz de clarificar esas pocas cosas que son dignas de su completa atención, y el mejor momento de ir en pos de ellas, usted estará años luz a la cabeza de cualquier otro.

ABRACE SU GENIALIDAD INTERIOR

Para que usted maximice su impacto, necesita maximizar el tiempo que invierta haciendo aquello en lo que es mejor, y esas cosas que lo harán avanzar más lejos al surcar el mar hacia sus metas últimas. No obstante, caminar en su genialidad dada por Dios no se trata por completo de qué hacer y cuándo; también es un estado mental. Es conectarse con su verdadera fuente: Dios (Filipenses 2:13).

Su estado mental está fundamentado en la manera en que se ve a sí mismo; en quién cree usted que es; o en su identidad. Está determinado por los estándares que se ha puesto con base en su valor propio y su confianza en Dios, para quien todas las cosas son posibles (Mateo 19:26). Quizá haya creído las narrativas que otras personas han dicho sobre su carácter, sus capacidades o valor; o quizá ha erosionado su confianza en sí mismo por haber roto constantemente las promesas o acuerdos que ha hecho consigo mismo. Ya sea que otras personas o su propia alma lo haya provocado usted no confía plenamente en usted mismo. Cada uno de estos libretos internos y externos llevarán a incongruencias e inseguridades cuando se trata de lo que cree acerca de quién es usted.

"Usted nunca irá más allá en su vida de lo que piensa que vale —explicó el experto en negocios y liderazgo, Ed Mylett, en una entrevista reciente con Shawn Stevenson—. Su identidad es su valía propia, lo que usted cree que merece".[13] Continuó describiéndolo de esta manera:

> La valía propia y la identidad son como un termostato. Descansan en la pared de su vida, y establecen la

temperatura total de su vida. Usted tiene un termostato
espiritual, uno financiero, uno de negocios, uno físico
y uno de bienestar. Así que si el termostato está puesto
digamos financieramente a ochenta grados Fahrenheit
o alrededor de veintiséis grados Celsius, no importa lo
que haga, ya lo ha experimentado, si usted comienza a
calentar su vida, empieza a tener abundancia entrante
y a realizar actividades que son mejores, pero no ha
cambiado su identidad, encontrará una manera de finalmente enfriar su vida justo de vuelta a dónde se encuentra su identidad.[14]

La clave, según Mylett, es cambiar el nivel de termostato
de lo que usted piensa que vale: "Usted podrá estar en el mejor
modelo de negocios con las mejores oportunidades, los mejores productos, los mejor todo, y no va a exceder los ochenta
grados de identidad si esa es la identidad en su vida".[15]

Stevenson señaló que "la primera fuerza que impulsa la
psique humana es mantenerse congruente con las ideas que
tenemos de nosotros mismos". En su respuesta, Mylett dijo:

Uno va a hacer todo en el mundo para ser congruente
con su identidad, así que es mejor ponerle un gober-
nador [...] Puedo llevar a cabo todas las tácticas, todas
las estrategias, todo lo que me enseñen, pero si mi
identidad sigue acá abajo, ese es el resultado que voy a
producir [...] Lo que obtenemos en nuestra vida son
nuestros estándares. Los hábitos y los rituales nos con-
ducen a cuál sea el estándar que establecemos el cual es
gobernado por nuestra identidad.[16]

Su identidad debe estar fundada en la verdad. Y la
verdad es que gracias a Jesucristo usted es un hijo de Dios

(Romanos 8:16), una nueva creación (2 Corintios 5:17) y un vencedor (1 Juan 5:4). Usted es bendecido (Efesios 1:3), escogido (1 Pedro 2:9), completo (Colosenses 2:10), perdonado (Efesios 1:7), amado (Jeremías 31:33), valioso (Lucas 12:7) y victorioso (1 Corintios 15:57). Usted ya no es esclavo del temor (Romanos 8:15) o esclavo del pecado (Romanos 6:5-7). Usted es el templo del Dios viviente (2 Corintios 6:16).

Así que antes de que comencemos a hablar de estrategias y tácticas —las estructuras, hábitos y rutinas que va a necesitar establecer para hacerlo avanzar día a día— usted debe subir de nivel la percepción de su identidad. Usted debe cumplir los acuerdos que haga consigo mismo sin importar cuan pequeños sean. Haga una práctica diaria construir sobre esos acuerdos. Ponga la alarma un poco más temprano y levántese cuando tiene pensado; establezca la meta de leer diez páginas de un libro cada noche y hágalo; dé ese paseo diario durante su descanso para comer que tiene la intención de dar; haga lo que sabe que debería hacer, pero que deja de lado con frecuencia. Como se recuerda a Jim Rohn diciendo: "Las cosas que son fáciles de hacer, también son fáciles de *no* hacer. Esa es la diferencia entre éxito y fracaso".[17]

Usted puede comenzar a subir el termostato de su vida como lo primero de la mañana. "La manera en que inicie su día sube de nivel o baja de nivel todo su día", afirma el neurocientífico Robert Cooper.[18] Realmente ha habido bastante publicado con respecto al poder de una rutina matutina. Probablemente para las personas exitosas lo segundo en importancia, después de una visión clara, convincente y atractiva, sea una rutina matutina regular que vaya más allá de tomar una taza de café camino a la puerta. Prepárese —ese sería su estado mental— para sacar el mayor provecho de su genialidad divina por medio de practicar una rutina matutina rejuvenecedora de espíritu, alma y cuerpo. Es una *práctica* sobre la que puede edificar y mejorar. Esto no solo va a hacer que saque el mayor provecho de su día, sino que lo forzará a ser más diligente con sus noches. Y como ya habrá aprendido de leer *Declara bendición sobre tu día*, sacar el máximo provecho de su día comienza incluso antes del amanecer. Desarrolle éxito en su día la noche anterior por medio de declarar bendición sobre su día.

Aquí es donde *¡Hola, mañana!* toma tracción. Es al terminar el día con su visión firme en su mente —habiendo practicado rutinariamente las técnicas de visualización y de modelo de voz— que sus velas de fe atraparán el viento de la pasión, llevándolo todavía más cerca de la nueva tierra de su destino.

> Es en sus momentos de decisión que su destino toma forma.
> —TONY ROBBINS

> He descubierto que siempre tengo opciones, y algunas veces es simplemente elegir una actitud.
> —JUDITH M. KNOWLTON

• • •

CAPÍTULO DOCE

Descubra su nueva frontera

Y Él le ha dado un destino: *algo que hacer en esta vida, algo que solo usted puede hacer.* Antes de nacer, Dios lo creó con ciertas ambiciones, deseos y pasiones que tienen un papel particular en la historia; uno que solo usted puede desempeñar.
—Rick Warren

Mi embrión vieron tus ojos, y en tu libro estaban escritas todas aquellas cosas que fueron luego formadas, sin faltar una de ellas.
—Salmo 139:16

El 15 de julio de 1960, John F. Kennedy se dirigió a una multitud de cincuenta mil personas que se habían reunido en el Memorial Coliseum de Los Ángeles para escuchar su respuesta al ser nominado para presidente. Fue durante un tiempo difícil en el que los Estados Unidos estaban entrando en la Guerra Fría mientras que en la cercana Cuba se acababa de instalar un régimen comunista. Frente a la incertidumbre y la amenaza, Kennedy valientemente dio un discurso en el que afirmó: "Estamos hoy frente a la orilla de una Nueva Frontera [...] la frontera de oportunidades y peligros desconocidos, la frontera de esperanzas y de amenazas no cumplidas [...] La Nueva

Frontera de la que hablo no es un conjunto de promesas. Es un conjunto de desafíos".[1]

Kennedy entendió que dondequiera que haya nuevas fronteras, hay nuevos desafíos. Así como una nueva frontera trae con ella la promesa de nuevas oportunidades, también trae incertidumbre. El discurso de aceptación de Kennedy vale la pena ser considerado hoy. No solo con respecto al estado de nuestra nación sesenta años después, sino como se relaciona con el estado actual de nuestra mente. A la luz de los eventos actuales y lo que llamo "confianza cultural" (nada alejada de la "confianza del consumidor", que es "el grado de optimismo con respecto al estado de la economía"[2]), considere las palabras que dijo Kennedy en su discurso de aceptación ese día:

> Creo que los tiempos requieren imaginación y valentía y perseverancia. Le estoy pidiendo a cada uno de ustedes que sean pioneros hacia esa Nueva Frontera. Mi llamado es para el joven de corazón, sin importar su edad; al fuerte de espíritu, sin importar su partido, a todos los que respondan al llamado de la Escritura: "Mira que te mando que te esfuerces y seas valiente; no temas ni desmayes". Porque nuestra necesidad hoy es valentía y no complacencia; liderazgo y no el arte de vender. Y la única prueba válida de liderazgo es la habilidad de liderar y de liderar vigorosamente.[3]

En mi libro *History Maker* [Hacedor de la historia] desafío a los lectores a levantarse y tomar su lugar para liderar el cambio. Ofrezco estrategias para crear la sanidad interna de corazones y mentes de modo que vecindarios, centros de trabajo y naciones puedan ser sanadas. Pienso en el primer ministro recién electo de Etiopía quien ha hecho más para cultivar la paz e inspirar esperanza a lo largo de su nación que los líderes previos han hecho en décadas; generando un ambiente que inspira confianza en el que los cambios económicos medibles están repercutiendo a lo largo de la región. Kennedy habló de gobernar en tal manera que "seamos testigos de no solo nuevos avances [...] sino también de [...] el dominio del cielo [...] el lado lejano del espacio y el interior de la mente de los hombres.

> Esa es la cuestión de la Nueva Frontera. Esa es la decisión que nuestra nación debe tomar [...] entre el interés público y la comodidad privada, entre la grandeza nacional y el declive nacional, entre el aire fresco del progreso y la atmósfera añeja y malsana de la "normalidad", entre la dedicación y la mediocridad [...] Todo un mundo está observando para ver lo que haremos [...] Recuerden conmigo las palabras de Isaías quien dijo que "los que esperan a Jehová tendrán nuevas fuerzas; levantarán alas como las águilas; correrán, y no se cansarán; caminarán, y no se fatigarán". A medida que enfrentemos el gran desafío venidero, nosotros también, esperamos en el Señor, y le pedimos que renueve nuestras fuerzas. Entonces estaremos a la altura de la prueba. Entonces no nos cansaremos. Entonces prevaleceremos.[4]

CONOZCA A LA PERSONA QUE FUE DESTINADO SER

Todos los días se le da la oportunidad de cerrar la brecha entre quién sueña en convertirse y lo que fue destinado hacer; en otras palabras, conectarse con ese proceso de desarrollo de capacidad que lo llevará de lo que es capaz hoy a su potencial mayor. Allí está la versión mejorada de usted que espero haya sido capaz de imaginar y expresar con todo detalle mediante haber desarrollado la brújula de su vida, construido su tablero de visión y elaborado las proposiciones que ahora puede declarar y compartir. Usted ha generado esa tensión dinámica entre lo que es y lo que podría ser que energizará su enfoque y que tirará de usted hacia adelante como la luz que atrae a la mosca o la fuerza de atracción de un imán. Entre más claridad tenga acerca de qué es lo que lo está atrayendo —o es *más* atractivo— de esa otra versión de usted, más fuerte será la atracción.

Dondequiera que se encuentre en la vida, nunca deje de ir en pos de esa siguiente versión de usted. Nunca deje de hacer crecer y expandir su capacidad de tener una mayor influencia en la vida de los que están a su alrededor y de los que quizá nunca conozca en esta generación, o en la siguiente. Sin importar cuál sea su fe, es bastante probable que esté al tanto de que, de un modo u otro, su vida está haciendo historia. Sin importar qué escoja hacer o no; de si crece a la altura su potencial o no; se le pedirá que rinda cuentas. Cuando tenga que dar cuentas, existe la posibilidad de que se le muestre la versión alternativa de usted mismo que podría haber sido: la versión de influencia, que deja legado, que hace historia, que Dios destinó que fuese. ¿Reconocerá a esa persona? ¿Serán completos extraños? ¿O reconocerá a su gemelo?

Siempre he tratado de imaginar la versión de mí misma con la que me encontraré cuando Dios me presente a la persona a la que Él hubiera esperado que yo llegara a ser. La versión que caminará en la plenitud de identidad y autoridad a la que me ha llamado en Cristo. Hay tanto potencial no aprovechado que llevamos; especialmente nosotros que tenemos grandes y preciosas promesas que hacen posible que participemos de la naturaleza divina (2 Pedro 1:4, NTV). "El camino cómodo nunca lo guiará a la persona que usted fue destinado a ser alguna vez —comparte el experto en desempeño, Ed Mylett—. Si usted no se obsesiona con ir en pos de esa persona, terminará sin conocerla jamás". Eso lo impulsa a tomar las decisiones que toma cada día: "Cada decisión que tomo, las cosas por las que paso en mi vida, sea que vaya al gimnasio o vaya a hacer una llamada telefónica, lo que voy a comer, ¿me está acercando a ese tipo?".[5] Su deseo para conocer a esa persona definida por su destino es mayor que su deseo por estar cómodo. El punto es que *su nueva frontera se encuentra más allá de su zona de confort.*

Si usted también se encuentra a gusto donde se encuentra ahora en su vida, probablemente no esté participando en esa persecución. No está corriendo para ganar la carrera delante de usted (1 Corintios 9:24). En lugar de ello, está sentado en la banda de su propia vida, sorbiendo limonada en la sombra. Solamente cuando esté en una candente persecución de la mejor versión de usted mismo estará cumpliendo con la promesa que Dios brindó con su vida al crearlo. Usted lleva semillas de soluciones, las piezas faltantes de un rompecabezas y la respuesta a la oración del alguien simplemente por administrar fielmente los sueños y deseos que Dios ha depositado en su corazón. Esa visión que usted lleva es el fundamento de lo que llamo su "marca personal"; es la declaración única que usted está aquí para hacer; la promesa que representa; la firma que dejará con las impresiones que produzca.

Así que, ¿qué será esa marca de distinción que quede en

la estela de su vida diaria, el sello de hoy que marcará su mañana? Pienso en el sello único de un maestro artesano utilizado para "marcar" artículos como obras de arte, mobiliario, joyería o peletería de la época de los gremios medievales; a estos sellos se les llamaba originalmente "la marca del creador". Cada producto que el artesano consideraba digno era marcado con un "sello de aprobación" distintivo. Así fue como las marcas distintivas se volvieron conocidas y confiables en los primeros mercados de Europa. Usted es el maestro artesano de su vida, así que ¿cuál es esa marca distintiva por la que la gente lo conocerá? La marca personal es poderosa; es al mismo tiempo una estrategia para magnificar su influencia y un mecanismo para mantenerlo responsable delante de esa persona distintiva que usted ha sido destinado a ser.[6]

NO SE VUELVA SU MEJOR IMITADOR

En su libro *Turning Pro* [Cómo volverse profesional], Steven Pressfield habla acerca del hecho de que cada uno de nosotros tenemos una gran obra que terminar en la Tierra, sea como novelistas, mecánicos, políticos o lo que sea. Cada uno de nosotros tiene una aportación que hacer al mundo en una manera muy específica que flota a la superficie de nuestro mismo ser. El problema es que, en lugar de realmente vivir esa vida, la mayoría de nosotros nos conformamos con algo parecido o en el mejor de los casos con algo paralelo; es como tomar el camino que corre paralelo a la carretera: parece que lo está llevando a donde quiere ir, pero no es así. Nos permitimos vivir a la sombra de lo que fuimos diseñados lograr sin obtenerlo en realidad. Vivimos con el miedo de dar un paso hacia esa nueva frontera y nos conformamos en lugar de ello con algo que se siente más familiar, pero que es mucho, mucho menos significativo para el mundo a nuestro alrededor; *y para nosotros.*

En su mejor expresión eso significa que siendo un gran escritor en potencia podría aceptar la vida sin rumbo fijo de un operador de camión y conformarse con explorar las carreteras y los caminos secundarios del país, en lugar de explorar los caminos internos de su alma tal y como fueron creados. En su peor expresión, significa permitir que las adicciones —drogas, alcohol, juegos de video, hacer dinero, la internet, agradar a los demás y otras cosas (entre más aceptable sea socialmente una adicción, más insidiosa es)— entumezcan los efectos de vivir sin crear. Aceptamos la vida en las sombras en lugar de dar el paso para vivir en la luz según fuimos diseñados.

El camino del adicto es vivir una falsificación de su verdadero llamado —algo similar, pero no el mismo—, una silueta de su ser auténtico y divino; solo un paso o dos dentro de su zona de confort, lejos de lo que fue diseñado en realidad. Permitimos que nuestras adicciones anestesien el dolor de vivir sin verdadera realización.

El camino "del profesional" como lo describe Pressfield, es salir de la zona de confort y, de hecho, hacer el trabajo de crear nuestra aportación para el resto del mundo. "Volverse profesional", según Pressfield, es simplemente hacer el trabajo para el que fuimos creados sin importar su éxito o impacto inicial. El amateur juega con ello, pero nunca se faja los pantalones para *hacer el trabajo* por mil razones diferentes y usualmente razonables. Solamente los profesionales —que hacen el trabajo al que sus almas los llaman— realmente viven la vida que es verdaderamente vida, mientras que el amateur nunca da el paso fuera de las sombras de vivir la vida como un imitador.[7]

No imite a la persona en quien usted sabe que es capaz de volverse; mejor dé un paso con valentía a la plenitud de ello. Conviértase —como en "venir a la existencia"— e identifíquese plenamente con ese escritor, líder de pensamiento, defensor, emprendedor, artista o profesional, quienquiera que usted realmente sea. La decisión de identificarse con el adicto o con el artista; con el que aparenta o el profesional; con el que solo marca tarjeta o el emprendedor que se inició a sí mismo; es solo suya. Usted tiene la condición operativa de escoger.

EMPRENDA UNA NUEVA EMPRESA

Personalmente, tengo una pasión por el espíritu de emprendimiento. Me puedo identificar con los que se proclaman a sí mismos "emprendedores seriales" (lo cual me hace querer preguntar: ¿Qué proclama usted mismo que es?). A diferencia de cómo la mayoría define a un emprendedor (p. ej., cualquiera que inicia un negocio), la palabra tiene su raíz en el francés antiguo *entreprendre*, que significa "encargarse de"[8]; así que una definición más precisa es "alguien que se encarga de una empresa". Los diccionarios generalmente lo definen como algo parecido a "una persona que inicia un negocio y que está dispuesto a arriesgar pérdida con el fin de generar recursos", o "quien organiza, administra y asume los riesgos de un negocio o empresa".[9] Esto hace eco del uso más convencional de la palabra como lo describí anteriormente.

No obstante, lo que me gustaría enfatizar es que un verdadero emprendedor no es solamente alguien con la iniciativa de comenzar un negocio, sino más bien alguien con una idea cuyo tiempo ha llegado. Como escribió Brett Nelson en la revista *Forbes*: "Los emprendedores en el sentido más puro son los que identifican una necesidad —cualquier necesidad— y la suplen. Es un deseo primordial, independiente del producto, servicio, industria o mercado [...] Esta es la verdadera esencia del espíritu de emprendimiento: definir, invertir, construir, repetir".[10] Según Russell Sobel:

> Un emprendedor es un agente de cambio. El espíritu de emprendimiento es el proceso de descubrir nuevas maneras de combinar recursos [...] Un emprendedor que toma los recursos necesarios para producir unos *jeans* que se pueden vender en treinta dólares y en lugar de ello los convierte en una mochila de tela vaquera que se vende por cincuenta dólares obtendrá una ganancia por medio de incrementar el valor que esos recursos generan.[11]

Una de mis definiciones favoritas es la usada por el profesor de la Facultad de Administración de Harvard, Howard Stevenson: "El espíritu de emprendimiento es la búsqueda de la oportunidad independientemente de los recursos actualmente controlados".[12] En otras palabras, el espíritu emprendedor no se trata de tener un negocio o cierto conjunto de habilidades, se trata de tener una idea que pueda convertir en una empresa que supla una necesidad; así como la perseverancia para ir en pos de ello independientemente de lo que tiene o no tiene, lo que digan los demás o lo que diga la sabiduría convencional que es posible o no.

Un emprendedor es una persona dispuesta a realizar lo improbable e irrazonable. Tal emprendedor no es detenido por la falta de capital o recursos porque su principal divisa es el intelecto y la determinación de ver el sueño realizarse. No les arrojan dinero a las ideas; atacan las ideas con todo lo que valen y dilucidan soluciones que nadie más ha visto bajo la misma luz. Ven déficits en el mercado que otros todavía no explotan, desarrollan una empresa para llenar esos déficits y luego generan ingresos por medio de satisfacer necesidades percibidas. Lo que generan no es explotación, sino resultados convenientes para todos. Suplen una necesidad para que sus clientes puedan ser más exitosos, felices, saludables o plenos.

Hay un viejo dicho que dice: "La necesidad es la madre de la invención". Eso significa que donde hay una necesidad, existe la oportunidad de innovar una solución. No obstante, la necesidad es más un padre que una madre; puede brindar la semilla de la idea, pero es la imaginación la que hace germinar esa semilla y la hace dar fruto. Por lo tanto, me gusta decir que la imaginación es la verdadera madre de la invención. Nunca debemos olvidar que nuestra mente —nuestra imaginación— es nuestro mayor activo. Napoleon Hill se hizo famoso por decirlo así: "Usted puede lograr lo que su mente pueda concebir y creer".[13] En aquello que enfoque su mente prosperará. ¿Va a invertir su enfoque en cosas como la televisión o las redes sociales, o en crear algo que haga del mundo en el que realmente vivimos un mejor lugar?

TÓMESE FIRMEMENTE DE SU MAÑANA

"Un buen mecanismo les gana a cien buenos planes —afirma el neurocientífico Robert Cooper—. Hay un mundo de diferencia entre imaginar una vida satisfactoria y de hecho vivirla".[14] ¿Entonces que son esos mecanismos que lo facultarán para vivir la vida que se ha imaginado? Uno de esos mecanismos como hemos aprendido tiene que ver con el tipo de preguntas que hace. Nuevamente, el tipo de preguntas que haga determinará sus pensamientos y, por lo tanto, sus acciones. Pero tanto como se determine a pensar "pensamientos de una nueva frontera" y lleve a cabo acciones pioneras, su cerebro de hecho está diseñado para mantenerlo confinado en casa.

Hay una parte de su neurobiología llamada la *amígdala* que "es la razón por la que tememos las cosas fuera de nuestro control. También controla la manera en que reaccionamos a ciertos estímulos".[15] Su amígdala incesantemente lo insta a "favorecer lo familiar y rutinario" porque está diseñada para desear el control y la seguridad. "Los instintos de la amígdala [...] tienden a desbordarse hacia cada aspecto de la vida y a promover una renuencia perpetua a abrazar cualquier cosa que tenga que ver con riesgo, cambio o crecimiento", explica el Dr. Cooper.[16] En otras palabras quiere que usted sea lo que siempre ha sido y que se quede tal como es. "A menos de que usted escoja conscientemente pasar por encima de esta tendencia cerebral, está consignado a repetir el pasado", advierte.[17] Esto puede sonar descorazonador para los que están preparándose para lanzarse al gran mar azul más allá de su futuro, pero hay algunas cosas específicas que usted puede hacer para hacer de la vida que usted ha imaginado la vida que viva realmente.

"Hay un mecanismo sencillo que vence nuestra resistencia natural al crecimiento o al cambio y que nos ayuda a ser lo mejor que podamos ser —sugiere Cooper—. Todo lo que se requiere es hacer regularmente estas dos preguntas: 1. ¿Qué es lo más excepcional que he hecho esta semana [u hoy]? 2. ¿Qué es lo más excepcional que haré la próxima semana [o mañana]?".[18] Con excepcional se refiere a las cosas que se destacaron o que lo hicieron ir en contra de la multitud; acciones que usted tomó que hicieron una diferencia real en la vida de otros o que lo hicieron sentir orgulloso.

> Este mecanismo estimula un cambio simple, pero al mismo tiempo significativo en la manera en que nos vemos a nosotros mismos. Va más allá de las buenas intenciones y proclamaciones. Evoca una manera más profunda de reconocer las veces que podría extenderse a lo excepcional [...] Continuamente eleva su mirada a lo que es de hecho capaz de obtener y realizar y llegar a ser [...] Esto eleva la curiosidad acerca de las posibilidades para nuevas acciones. Tendrá más posibilidades de encontrarse activamente buscando maneras de darle al mundo más de lo mejor suyo en lugar de solo esperar que las oportunidades surjan.[19]

Solamente por medio de un esfuerzo consistente intencional usted es capaz de pasar por encima de los instintos de no-crezca-ni-cambie de su cerebro. Se requiere una acción diaria; emplear mecanismos sencillos que rindan resultados verdaderamente transformadores. "Aunque quizá soñemos con respecto a nuestro futuro en imágenes espléndidas, debemos vivir nuestra vida en acciones prácticas cotidianas, una tras otra", afirma Cooper.[20] Aquí es "donde nuestro espíritu se despierta y se levanta [...] donde rompemos viejos hábitos y comenzamos a darle forma a un mejor futuro".[21]

Es por medio de sus acciones diarias que usted despertará a sus capacidades escondidas. Y son sus comportamientos repetidos los que impulsan sus actitudes, y su disposición diaria lo que determina aquello en lo que decide enfocarse; y no al revés. Si usted se quiere sentir feliz, entonces sonría; si quiere sentirse valiente, entonces haga algo que lo haga tener la frente en alto; si se quiere sentir generoso, entonces regale algo. Usted debe hacer algo antes de sentir algo.[22]

Es tiempo de ponerse de pie tras el timón de su nave con las velas de la fe ondeando mientras se hinchan con el viento de la pasión.

En la misma manera, la visión requiere estrategia para cumplirse. "La visión sin acción es un sueño", escribe el futurista Joel Barker. Por otro lado: "La acción sin visión es simplemente pasar el tiempo", añade.[23] No se sorprenda a sí mismo pasando el tiempo soñando despierto, sino persiga su sueño activa y estratégicamente. ¿Qué necesita hacer hoy para avanzar hacia dónde quiere estar mañana? Genere una serie de pasos a tomar, reforzados por las prácticas y mecanismos que ha aprendido aquí. Manténgase abierto y consciente de las personas y las oportunidades que se presenten y aprenda a sacar el mayor provecho de cómo utilice su tiempo y su genialidad. Sobre todo, tome control de esos libretos internos. Recuerde, la Biblia nos dice que cual es su pensamiento en su corazón, tal es usted (Proverbios 23:7). También nos hace saber que podemos controlar nuestros pensamientos "llevando cautivo todo pensamiento a la obediencia a Cristo" (2 Corintios 10:5). El viaje a su frontera soñada está más que nada determinado por lo que usted cree que es posible para usted; cuéntese una nueva historia acerca del héroe que usted ha escogido ser. Su visión es lo que le permite poner su grandeza en exhibición porque eleva la barra de lo que cree que es posible. Y sabemos que "al que cree todo le es posible" (Marcos 9:23).

Posiciónese hoy para sacar el máximo provecho de la

promesa de mañana. Imagínese en quién se puede convertir
en los días, meses y años que vienen; ¿quién es esa versión
futura de usted que lo está llamando? Levante el auricular
cuando su ser futuro lo llame y responda: "¡Hola!". Su futuro está llamando, exigiendo una respuesta. Quizá sea
mejor responder visión en mano. ¡No deje que el teléfono
siga sonando!

Actúe. De hecho, tome la iniciativa para encender su genialidad divina por medio de llamar a esa persona que usted
sabe que puede ser, de hacer las cosas para las que ha sido
creado y cumplir con las metas que se le ha dado el don de
lograr. Sean sus metas personales, espirituales, de relación,
financieras, profesionales o específicas para su industria, es
tiempo de hacerse a la mar. Es tiempo de ponerse de pie
tras el timón de su nave con las velas de la fe ondeando
mientras se hinchan con el viento de la pasión. Es tiempo
de darle dirección a su barco con el timón de sus pensamientos y su imaginación y el timón de dirección de sus
palabras, utilizando el mapa de la visión, la brújula de sus
valores y la estrella polar de la dirección deseada. Es tiempo
de guiar su buque hacia la nueva tierra distante del destino,
libre de las restricciones del ancla del temor o de los percebes de las emociones negativas en el casco de su mente.
Cuando vea hacia atrás a dónde se encuentra hoy y vea la
brújula que ha creado y el mapa extendido, su ser futuro
responderá con "¡tierra a la vista!" y un resonante "gracias,
capitán" por la nueva tierra que se acerca de su destino soñado. "La nueva frontera está aquí sea que la busquemos o
no", dijo Kennedy.[24] Depende enteramente de usted si va o
no a entrar en ella.

Más allá de esa frontera hay áreas que no están en los mapas de la ciencia y el espacio, problemas sin resolver de paz y guerra, problemas no conquistados de ignorancia y prejuicio, respuestas sin responder de pobreza y excedentes. Sería más fácil retraernos de esa nueva frontera, para voltear a la segura mediocridad del pasado, para ser atraídos por las buenas intenciones y la alta retórica.

—John F. Kennedy

Para Dios todo es posible.

—Mateo 19:26

EPÍLOGO

◆ ◆ ◆

MI ORACIÓN ES que para este momento ya haya captado el poder transformador de la visión; de esa imagen mental de futuras potencialidades que lo conecta con el plan de Dios para su vida (Jeremías 29:11). La visión no ve hacia atrás, sino ve hacia adelante a través de los lentes de la fe. ¿Qué tan grande es su fe? Es su fe lo que lo conecta con Dios; con *el Dios de lo imposible* (Mateo 19:26).

Su mejor momento está delante de usted. Nada acerca de su pasado, su ambiente o sus circunstancias presentes lo definen. Ninguna experiencia tiene el poder de desviarlo, derrotarlo o destruirlo. Las experiencias de su vida hasta este punto solo han sucedido para fortalecerlo; para mostrarle que lo que no quiere, lo que no necesita y lo que verdaderamente desea. Las experiencias negativas podrían haberle dejado cicatrices o lo han devastado temporalmente, pero no pueden borrar el hecho de que sigue aquí. Quiero recordarle que no importa por qué haya pasado, no es una víctima. ¡Usted es un visionario y una fuerza considerable! La palabra "extraordinario" ha sido descargada en su ADN. Usted ha sido hecho en una manera formidable y maravillosa (Salmo 139:14). La creatividad y la innovación eran parte del repertorio intelectual que se le dio el día de su concepción. Quizá haya perdido contacto con ello, pero escribir su visión y atreverse a hacerla realidad lo reconectarán con su genialidad interna.

Todavía tiene que experimentar su mejor momento. Usted no estaría aquí si sus fracasos y reveses fueran sus momentos de definición. Recuerde: cada revés es simplemente una preparación para un regreso. ¡Usted va a volver a levantarse a medida que recupere su fortaleza y determinación! No permita que su mente lo convenza de que esos años fueron en vano. No hay nada más lejos de la verdad. El momento de definición del visionario Nelson Mandela no vino cuando fue arrestado, ni cuando fue apresado durante veintisiete años. Vino cuando decidió perdonar y dejar ir todas las heridas, desesperanzas y remordimientos. ¡Este simple acto redefinió su vida y cambió por completo la trayectoria de toda una nación!

Así que despídase de sus ayeres y de las heridas, traiciones, ataduras, palizas y de los desánimos que los acompañaron. Sí, quizá tuvo una porción mayor que otros de golpes y lesiones a lo largo del camino, ¡pero nada lo ha derrotado! Quizá sus sueños hayan sido aplazados y su visión frustrada, sin embargo, la visión permanece: aunque tardare, sin duda vendrá (Habacuc 2:3). Su momento de definición está en camino. Probablemente venga en medio de su mayor desafío personal o de una catástrofe nacional. Nadie obtiene un billete gratis para salir de la arena de la vida. Todos tenemos luchas, reveses y tragedias, pero no somos nuestros errores e infortunios. Usted y yo estamos aquí ahora con el poder de darle forma a nuestro día y a nuestro futuro.

UN ENCARGO FINAL

Usted es un espécimen notable, el más único, maravilloso y magnífico de la creación de Dios; un fenómeno único en su tipo. No hay otro usted que haya existido en el mundo.

Usted nunca será, ni podrá ser, duplicado o igualado. No viva como la copia barata de la vida de alguien más, como un eco de la opinión de alguien más, como una réplica de la expectativa de alguien más o como un impostor del propósito de alguien más. Dios no lo hizo una reproducción pirata de alguien más; rehúsese a vivir como si lo fuera. Sea usted. Usted es un original. Decida ser la mejor versión de sí mismo. Como Dios lo hizo un ser consciente, viva la vida al máximo mediante sacar su mente de neutral. Usted es quien decide cómo vivirá y quién será. Usted verá en este mundo lo que quiera ver, pero cuando cambie la manera en que ve el mundo y la manera en que se ve en él, el mundo cambiará como luce; y en el proceso también usted.

Dios lo ha designado para vivir en esta generación y durante esta dispensación. Sepa, por cierto, que Él no cometió un error. Usted lleva algo especial que este mundo necesita. No todos tenemos la misma comisión, pero cuando todos cumplimos nuestras propias comisiones es como armar las piezas de un rompecabezas. Con el fin de que la imagen sea completada, se requiere de personas comunes haciendo cosas poco comunes, personas ordinarias haciendo cosas extraordinarias; todos tienen su propia comisión.

Si usted tiene pensamientos que sean contrarios a la vida más elegante y asombrosa que usted visualizó, rechácelos inmediatamente. Reemplácelos con imágenes que mejor representen su visión. Decrete y declare lo que espera ver manifestado en el vientre del mañana. Cuando tenga pensamientos que no estén alineados con su máxima visión de en quién se quiere convertir, lo que quiere tener, dónde quiere vivir y lo que quiere lograr, rápidamente deshágase de ellos por medio de reemplazarlos con lo que sí quiere, con quién

aspira ser, con lo que espera lograr y dónde tiene el propósito de ir. Cuando diga o haga cosas que no estén alineadas
con sus aspiraciones más altas y mejores intenciones haga un
pacto con usted mismo y comprométase a nunca volver a decirlo o hacerlo.

Deshágase de su bagaje emocional. Aprenda el arte de
perdonar y olvidar. Olvidar no es lo mismo que no recordar.
Olvidar es el arte de desconectarse mental, psicológica y
emocionalmente de cierta realidad. Si otros lo han ofendido
con sus palabras o acciones, perdone y desconéctese
emocionalmente de esa realidad tan pronto como pueda.
Esto requiere monitorear sus pensamientos, emociones y
acciones hasta que pensar, hablar y actuar en una manera
positiva y creativa se convierta en un estilo de vida.

Manténgase enfocado hacia adelante. "No te desvíes
a la derecha ni a la izquierda; aparta tu pie del mal"
(Proverbios 4:27; vea también Josué 1:7; 23:6 e Isaías 30:21).
No voltee a ver la vida de otras personas ni crea por un
solo instante que pueden hacer más porque tienen más que
usted. Todos tenemos el mismo número de horas en el día.
Use las suyas sabiamente. Deshágase de lo que desperdicia
el tiempo y le resta energía, alias la preocupación, la duda
y la competición malsana. ¡Administrar lo que pasa en su
vida y lo que viene a usted comienza con administrar lo
que fluye a través de usted!

Viva en armonía con usted mismo. Háblese amable y
amorosamente. Asegúrese de que su diálogo interno esté
alineado con sus declaraciones y afirmaciones verbales. No
sabotee sus sueños por medio de albergar viejas heridas o
ponerse a pensar en lo que podría haber sido o lo que no debería haber sucedido. El último capítulo de su vida todavía

no ha sido escrito. "Este no es el fin. Ni siquiera es el principio del fin, pero es, quizá, el fin del principio", dijo Churchill.[1] Por lo tanto, su pasado es solamente la introducción.

Hoy inicie un nuevo capítulo de la asombrosa historia todavía por contarse. Necesita conversar con Dios para decidir el tema, los jugadores y los resultados. Él lo empoderará para escribir su propia historia en las páginas de su vida. ¡Hágalo un libro que nadie pueda dejar de leer hasta terminarlo! ¡Hágalo notable! ¡Hágalo noticioso! ¡Hágalo imposible de ser ignorado! ¡Hágalo épico!

Dele a la vida todo lo que tiene. Comprométase con una acción que lo acerque más a la vida de sus sueños. No lo intente; hágalo. Hágalo ahora. Viva su vida en tal manera que si fuera un libro sea un éxito de librería. Viva apasionadamente. Viva temerariamente. Viva valientemente. Viva su única preciosa vida sin remordimientos. Esto solo sucederá cuando sea capaz de decir: "¡Adiós, ayer![2] —y—: ¡Hola, mañana!".

> Pero una cosa hago: olvidando ciertamente lo que queda atrás, y extendiéndome a lo que está delante, prosigo a la meta, al premio del supremo llamamiento de Dios en Cristo Jesús.
>
> —FILIPENSES 3:13-14

— • • • —

Declaraciones y oraciones

A LO LARGO DE este libro, especialmente en el capítulo 10, usted aprendió acerca del poder de las palabras. No hay palabras más poderosas que las de la Palabra de Dios. Utilice las declaraciones siguientes para comenzar a aprovechar el poder de sus palabras. Tómese el tiempo de buscar las referencias bíblicas y declare firmemente la verdad acerca de su vida a partir de la Palabra de Dios a medida que se hace a la mar hacia su destino.

Padre, en el nombre de Jesús, decreto y declaro:

Hoy tomo cien por cien la responsabilidad de mi vida: mis éxitos, mis fracasos y mis logros. ¡Me rehúso a utilizar a otras personas o cosas más allá de mi control como razones o excusas para no hacer todo lo necesario para ir en pos de mi visión dada por Dios y vivir la vida de mis sueños! ¡Le digo adiós al ayer y hola al mañana!

Los principios que guían mi vida y mi vivir están basados en la Biblia, están impulsados por valores, producen un impacto social, son atractivos interculturalmente y relevantes para los tiempos en los que vivo (Isaías 58:12).

He escrito claramente una descripción de mi visión —mi propósito y misión en la vida— y estoy desarrollando mis dones, habilidades, talentos, recursos, redes de contactos, relaciones, sociedades y oportunidades, así como mi confianza en quién soy y de quién soy, y todo lo que fui creado: ser, hacer, obtener y lograr (Habacuc 2:2-3).

Me levanto hoy declarando tu sabiduría, favor y gracia sobre mi día (Romanos 12:3-18).

Esta es una mañana nueva con misericordias nuevas, oportunidades nuevas y estrategias nuevas para aprovechar cada oportunidad (Lamentaciones 3:22-23; Isaías 43:19).

Decreto este día un día de visión, inspiración, sabiduría y esperanza (Salmo 31:24).

Este es el día que has hecho; y como todo lo que has creado tiene propósito, descubriré, cumpliré y manifestaré mi propósito hoy (Romanos 8:28; 2 Timoteo 1:9).

Este es el principio de un nuevo día. Me has dado este día para usarlo como desee. Sin embargo, digo: que no se haga mi voluntad sino la tuya (Mateo 6:10).

Me rehúso a desperdiciar este día en mantener el statu quo; utilizaré este día para bien. Lo que hago es importante porque estoy intercambiando mi tiempo por ello. Quiero que sea ganancia, no pérdida; bien, no mal; éxito, no fracaso; de modo que no tenga remordimientos (Romanos 14:12).

Hoy decido seguir los planes de Dios (Salmo 37:23).

Hoy nada perturbará mi paz (Filipenses 4:7-11).

Hoy voy a establecer mis prioridades y a enfocarme en las cosas que realmente importan (Mateo 6:33).

Tú eres bueno Dios, y por lo tanto solamente viene bien a mi camino (Salmo 136:1-3).

Me doy cuenta plenamente de que ningún logro, posición o cantidad de riqueza puede perdurar a menos que estén construidas sobre verdad, autenticidad, integridad, justicia y amor, como está demostrado en la Palabra de Dios; por lo tanto, no participo en nada que comprometa esas virtudes. Hago todas las cosas como para el Señor (Colosenses 3:23).

Vivo en un mundo de potencial y posibilidades ilimitados. Me doy cuenta de que al tomar decisiones hoy, también altero las realidades de mi mañana. Para Dios todo es posible (Mateo 19:26; 2 Corintios 9:6).

Opero como un líder intelectual visionario (Proverbios 29:18; Isaías 58:6-14).

Vivo un estilo de vida santo que fomenta la paz, el éxito y la prosperidad (Hebreos 12:14).

Decreto victoria en cada desafío (1 Corintios 15:57; 1 Juan 5:4).

Resisto toda tentación de ser negligente, porque la mano diligente señoreará (Proverbios 12:24).

Vivo en un ambiente próspero, saludable y hermoso (Salmo 16:6).

Soy bienaventurado incluso a medida que cumplo con mi propósito y mi comisión en los lugares donde me has plantado (Salmo 1:1-3; Deuteronomio 28:3).

Enfrento mis mayores desafíos, situaciones desalentadoras y problemas al parecer insuperables con esta resolución: "De esto solamente puede salir algo bueno" (Génesis 50:20; Romanos 8:28).

Tengo gran honor, respeto, influencia y dignidad (Deuteronomio 28:10).

Vivo sin límites, limitaciones y tapas (1 Crónicas 4:10).

Voy en pos de relaciones sólidas mutuamente benéficas e invierto en ellas (Proverbios 13:20; Romanos 12:10; Efesios 5:1-2, 21).

Aprovecho mi tiempo y cada oportunidad al máximo (Efesios 5:15-16).

Reemplazo los hábitos poco saludables con hábitos saludables (Romanos 12:1-2).

Profundizo y vivo mi fe en Dios (Hebreos 11:1, 6; Marcos 11:24).

Procuraré mejora y refinamiento, y subiré de nivel en todas las áreas de mi vida (Filipenses 3:12).

Vivo moralmente y conduzco todos mis asuntos con ética (2 Pedro 1:5-7).

Le doy a mi cuerpo el ejercicio, el descanso y la nutrición que necesita (1 Corintios 6:19-20).

Veo y experimento mejoras y refinamientos, y subo de nivel en todas las áreas de mi vida de modo que todos los días y en todas maneras me fortalezco y vivo con una salud vibrante. Nutro mi alma (3 Juan 1:2).

Maximizo mi potencial (Lucas 13:6-9).

Valoro mi espiritualidad y crezco en la gracia del Señor (2 Pedro 3:18).

Cuando oro por respuestas, avances, oportunidades e intervención divina, en lugar de quejarme mientras espero, enfoco mi atención en obtener estrategias adicionales para la actualización de mi visión. Voy a usar esos preciosos momentos como oportunidades para prepararme para mi futuro, afinar mis habilidades o ayudar a alguien más a hacer lo mismo (Habacuc 2:3).

Como una actitud negativa hacia los demás nunca podrá granjearme éxito, elimino odio, envidia, celos, egoísmo, indiferencia, orgullo, arrogancia, competencia malsana, negatividad, crítica y cinismo por medio de desarrollar amor, el fruto del Espíritu y compasión por toda la humanidad (Gálatas 5:22-23; 1 Pedro 3:8-17).

Tengo éxito por medio de atraer a mí mismo las virtudes, fuerzas y recursos que deseo usar, y de invitar la cooperación de otras personas que trabajan conmigo para hacer lo mismo (2 Pedro 1:2-10).

Planifico y soy ejemplo de generosidad, y le doy a los que no podrían jamás devolvérmelo (2 Corintios 8; Deuteronomio 15:10).

Camino en perdón hacia los demás y hacia mí mismo (Colosenses 3:13).

Me comunico con mi familia y cuido de ella (Gálatas 5:22-23; 1 Corintios 13).

No hago promesas caprichosas. Hago todo lo que está en mi poder para cumplir cada promesa y compromiso que hago (Mateo 12:37; Job 22:27-28).

Hago por lo menos una acción de misericordia cada día por los que nunca podrán devolverme el favor (Proverbios 19:17).

Declaro paz dentro de mi mente y de mis relaciones (Salmo 119:165; Juan 14:27; 2 Corintios 13:11).

No quedaré atrapado en creer que mi lugar puede ser tomado. No tengo necesidad de maldecir a los que intentan socavar mi propósito. En lugar de ello decido percibirlos

como individuos que desean hacer más y ser más, incluso
como yo, pero que carecen de la estrategia de hacerlo sin
pelear. Te pido, Señor, que encuentren una mejor estrategia
(Santiago 1:2-4).

Paso por alto los inconvenientes del mundo y la falta de consideración de la gente porque sé que cualquier cosa que está
más allá de mi control está bajo tu control, porque en tu
mano están mis tiempos (Salmo 31:15).

Opero un negocio bastante exitoso porque tú estás conmigo
(Josué 1:8; Salmo 107:23).

Dejo un legado para la siguiente generación. Que mis días
hablen y mis años enseñen sabiduría (Job 32:7).

Soy diligente en ganar y administrar el dinero, en ahorrar
e invertir más y en gastar menos (Proverbios 6.6; 13:22;
Eclesiastés 11:1-2).

Soy independiente financieramente y vivo en el plano del
éxito. Recibo un retorno sustancial de mis inversiones
(Deuteronomio 28:8).

Vivo en el plano de la abundancia. Tengo más que suficiente y desbordo. Mis días de esterilidad, carencia y lucha
se terminaron. Mi posteridad y seres queridos nunca serán
indigentes ni mendigarán por pan (Deuteronomio 28:11;
Salmo 37:25).

Todo lo que fue perdido, robado, malversado, saboteado, so-
cavado, obstaculizado, desviado o detenido es soltado, res-
taurado y redimido con intereses a la tasa legal de no menos
del diez por ciento compuesta mensual, junto con daños pu-
nitivos y sanciones. Decreto que recuperaré todo con intereses (Job 42:10-12). Esto incluye:

- mi salud
- mi paz
- mi buen nombre
- mi energía
- mi riqueza
- mis tratos de negocios
- mis relaciones
- mi propiedad
- mi tiempo
- mi destino
- mi proposito
- mi ministerio
- mi comisión

Voy a levantar la barra de mis expectativas (Colosenses 3:1).

Uso mi mente sabia, creativa e innovadoramente (Génesis 11:6; Proverbios 8:12; Santiago 1:5).

Nada que se cruce en mi camino —ningún desafío personal, profesional, espiritual, cultural o social, o circunstancia— afecta mi paz, calma o compostura (Filipenses 4:7).

Lo que empiezo lo termino. No habrá actividades infructuosas, hostigadoras ni que me distraigan. No habrá demoras, reveses, maniobras legales o mociones ex parte. Les ordeno que cesen y sean rechazadas en las cortes del cielo en el nombre del Señor Jesús (Salmo 91; Zacarías 4:9; Isaías 66:8-9).

Confieso, reconozco y recibo mi posesión de llaves espirituales del reino y todos los derechos legales, licencias

y aranceles en las cortes del cielo, y los utilizo para atar las
actividades del enemigo y soltar mis bendiciones (Mateo
18:18-19).

Creo que tu decreto celestial final ha sido ordenado. Ahora
ha venido la salvación, el poder, y el reino de nuestro Dios,
y la autoridad de su Cristo; porque ha sido lanzado fuera el
acusador de nuestros hermanos, el que los acusaba delante
de nuestro Dios día y noche. Y nosotros lo hemos vencido
por medio de la sangre del Cordero y de la palabra de
nuestro testimonio (Apocalipsis 12:10-11; Daniel 7:9-27).

En el nombre de Jesús, refuerzo que:

Ando en el Espíritu (Gálatas 5:16, 25).

Ando en el camino correcto (Proverbios 2:9).

Vivo, ando y conduzco mi vida por fe (2 Corintios 5:7;
Hebreos 10:38).

Me aseguro de que mis acciones y respuestas están gobernadas por la Palabra de Dios (Deuteronomio 12:28; Salmo
119).

Soy fiel a mis convicciones y valores básicos (Mateo 16:26).

Alimento mi espíritu (Jeremías 15:16; 1 Pedro 2:2-3).

Afino mis habilidades (Éxodo 31:3-5).

No me canso de hacer el bien mientras confío que Dios me
sostendrá (Gálatas 6:9; 2 Tesalonicenses 3:13).

Vivo con autenticidad (1 Crónicas 29:14-19; Mateo 5:43-47;
Juan 1:19-23).

No desperdicio el tiempo, sino que arreglo mis asuntos con
urgencia (Salmo 90:12).

Vivo una vida de gratitud (Efesios 5:20).

Cumplo mi palabra (Santiago 5:12).

Administro apropiadamente mis recursos, mi tiempo, mis hábitos, mis dones, mis talentos, mis relaciones, mis finanzas y mis oportunidades (Proverbios 27:23-27).

Soy inmune al temor y ciego a toda posibilidad de fracaso (Deuteronomio 20:3-4).

Camino en total dependencia de ti porque soy consciente de que el poder que hay en mí no emana de mí (Efesios 1:18-20; 1 Juan 4:4).

Me doy cuenta de que no puedo abrazar lo que tienes para mí en mi futuro hasta que no deje ir mi pasado (Filipenses 3:13-14).

Te encomiendo mi vida, mi visión y todas mis empresas, oh Señor (Salmo 37:5).

Hago mi parte para hacer de este mundo un mejor lugar (Marcos 16:15-18; Isaías 61:1).

Escojo la vida y la bendición (Deuteronomio 30:19).

Me rehúso a vivir derrotado, desanimado, deprimido o des-ilusionado. Decreto paz dentro de los muros de mi casa y dentro de mi territorio (Salmo 122:7; 147:14).

Escojo enfrentar cada día con acciones deliberadas basadas en mi fe, mis valores, mi pasión y mi visión para hacer de este mundo un mejor lugar (Salmo 25:12).

Escojo (Deuteronomio 30:19):

- la vida sobre la muerte
- las bendiciones sobre las maldiciones

- la abundancia sobre la escasez
- el éxito sobre el fracaso
- la humildad sobre el orgullo
- servir sobre ser servido
- el honor sobre el deshonor
- la verdad sobre la mentira
- la transparencia sobre el engaño
- la apertura sobre la cerrazón de mente
- la integridad sobre la duplicidad
- la vida justa sobre la injusticia
- el carácter sobre las componendas
- la confianza sobre la desconfianza
- el amor sobre el odio
- la paz y la armonía sobre el conflicto y la guerra
- dar sobre recibir
- la fe sobre la incredulidad
- la valentía sobre el temor
- el progreso sobre el estancamiento
- la prosperidad sobre la pobreza
- la salud sobre la enfermedad
- la bondad sobre la inhumanidad
- la generosidad sobre la tacañería
- la alegría sobre la depresión
- la diligencia sobre la pereza
- el enfoque sobre la distracción
- la honestidad sobre la deshonestidad

- la moralidad sobre la inmoralidad
- la lealtad sobre la deslealtad
- la fidelidad sobre la traición

Escojo la paciencia. No estaré afanoso por nada (Filipenses 4:6).

Voy a permitir que la paciencia tenga su obra completa, para que sea perfecto y cabal, sin que me falte cosa alguna (Santiago 1:4).

Elevaré mis expectativas (Salmo 62:5; Efesios 3:20).

Mantengo una actitud de oración continua (Efesios 6:18; 1 Tesalonicenses 5:17).

Practico una mentalidad saludable, positiva, exitosa y próspera (Filipenses 4:8; Josué 1:8-9).

Renuevo mi mente, y tengo la mente de Cristo. Tengo una actitud mental positiva (Romanos 12:2; 1 Corintios 2:16).

Busco la sabiduría de Dios antes de tomar cualquier decisión (Proverbios 3:5-6).

Sé que mi mentalidad determina mi progreso y éxito, así que hoy decido pensar en todo lo que es verdadero, todo lo honesto, todo lo justo, todo lo puro, todo lo amable, todo lo que es de buen nombre; si hay virtud alguna, si algo digno de alabanza (Filipenses 4:8).

Medito en tu Palabra hasta se convierte en la fuente de toda mi inspiración (Job 32:8; 2 Timoteo 3:16-17).

Escojo vivir una vida dinámica. Me rehúso a culpar a otros. No utilizo a los demás para ganancias egoístas o como excusa para las decisiones que tomo. Tomo mis propias decisiones, y, por lo tanto, escojo descartar lo que no me funciona. Decido depender menos de los demás y más del Espíritu Santo (Gálatas 6:7).

Me comunico con honestidad y actúo con integridad (Efesios 4:25).

Diligentemente amo y cuido de mi familia (1 Timoteo 5:8).

Estoy dispuesto a servir a los demás y al mundo, y otros están dispuestos a servirme (Lucas 22:26).

Estoy cultivando una actitud respetuosa hacia todos los seres humanos (Santiago 2:1-10).

Señor Jesús, confío en ti. Me has dado una gran obra que hacer. Reconozco que eres supremo sobre todos. Eres el propietario del cielo y de la Tierra. Siendo yo un mero mayordomo de una porción de tu creación, sé que estás obrando a mi favor (Filipenses 2:13).

Padre, te pido:

Que tu Espíritu descanse sobre mí, el Espíritu de sabiduría y de inteligencia, el Espíritu de consejo y de poder, el Espíritu de conocimiento y de temor del Señor. Que no juzgue nada ni a nadie por apariencia ni tome una decisión con base en rumores (Isaías 11:2-3).

Gracias, Señor, por escogerme. Gracias por ungirme. Gracias por ir en pos de mí. Gracias por fortalecerme. Gracias por empoderarme. Gracias por guardarme. Gracias por bendecirme. Gracias por prosperarme. Gracias por cuidar de mí (Efesios 5:20).

Dios, te doy permiso de ordenar mis pasos hoy. Enséñame a confiar en ti cuando no puedo seguirte la pista (Proverbios 3:5-6).

Protégeme de empresas inicuas, de buitres y de lobos con pieles de oveja (Mateo 7:15).

Remueve a cualquiera que me distraiga de cumplir con mi visión, me desanime o socave mi visión (Génesis 13:14).

Trae a mi vida ahora a los que están asignados a apoyarme en el cumplimiento de mi visión (2 Crónicas 2:1-18).

Eres un Dios estratégico, y no haces acepción de personas (Hechos 10:34). Te pido que me des estrategias para ayudarme en cada situación que enfrento a medida que persigo la visión que me has dado, así como le diste una estrategia a:

- Isaac para prosperar en medio de una recesión económica (Génesis 26:12-14).

- Jacob para dejar un trabajo con un mal salario para convertirse en un exitoso emprendedor y hombre de negocios (Génesis 30).

- José para la economía y la creación de riqueza que cambió el destino de una nación (Génesis 41).

- Gedeón para utilizar recursos militares insuficientes para ganar una batalla sobre una fuerza militar que superaba en número a su batallón (Jueces 7).

- Josué para derribar los muros impenetrables de Jericó (Josué 6).

- Moisés para emancipar y liberar a su pueblo de Faraón (Éxodo 3-12).

- Eliseo para desarrollar la comunidad con el fin de sanear el suministro de agua (2 Reyes 2:19-22).

- Una viuda para reducir sus deudas y generar riqueza (2 Reyes 4:1-7).

- Nehemías para la reconstrucción social (Nehemías 1-6).

- Jael para la guerra (Jueces 4:17-24).

- Elías para liberar a su pueblo de las fortalezas satánicas que estaban operando a través de Jezabel (1 Reyes 18:17-46).

- Daniel para gobernar en Babilonia (Daniel 1-2).

Enséñame a gobernar mis acciones conforme a la visión (Proverbios 29:18).

Afina mi enfoque (Génesis 13:14-17).

Líbrame de pensar en pequeño. Permíteme pensar en más grande. Dame una mentalidad que piensa "fuera de la caja" (1 Crónicas 4:10).

Renueva y revive mis habilidades creativas y de innovación (Éxodo 35:31-32).

Dame el poder espiritual, emocional y mental para resistir renunciar a mis emociones o rendirme a ellas. No me has dado un espíritu de cobardía, sino de poder, de amor y de dominio propio (2 Timoteo 1:7).

Te pido sabiduría para manejar todos los asuntos importantes con base en su prioridad (Santiago 1:5).

Cada decisión que tomo, cada paso que doy, cada acción en la que me involucro, cada palabra que hablo y cada pensamiento que tengo está afectando mi mañana. Así que enséñame a contar mis días, para que traiga sabiduría al corazón, y con esta sabiduría tomar decisiones sabias (Salmo 90:12; Mateo 12:33-37).

- Ayúdame a no malgastar el tiempo, el dinero, las relaciones o cualquier recurso que me haya sido dado para tener éxito.

- Concédeme la fuerza y la sabiduría para enfrentar mis mayores desafíos, ansiedades y temores con valentía y convicción de que los puedo vencer todos.

- Ayúdame a mostrar valentía e integridad y a vivir una vida de credibilidad en todo tiempo.

- Hazme agudo de entendimiento y rápido en discernimiento.

- Que vea la oportunidad escondida dentro de cada obstáculo.

Que viva en fe y sin temor. Me refugio en saber que soy protegido por ti, Señor. Eres mi fuerza y mi protección (Salmo 91; Jeremías 16:19).

Bendice el mes que está delante de mí. Dame el poder de que abunde en toda buena obra (2 Corintios 9:8).

Dame la paz de enfrentar mi mayor desafío (Romanos 5:20).

Que sea firme, inamovible e inconmovible en todas esas cosas y en todas las situaciones (1 Corintios 15:58).

Te agradezco, Señor, por prepararme y equiparme para obras mayores (Juan 14:12).

Te agradezco por la presencia de tu Espíritu Santo, el mayor especialista en empoderamiento, quien me ilumina con respecto a mi futuro (Juan 16:13).

Me rindo a tu guía (Salmo 73:24).

Echo mi ansiedad sobre ti porque tienes cuidado de mí (1 Pedro 5:7).

Ayúdame a gobernar mi tiempo conforme a tu voluntad revelada para mí (Romanos 8:27).

Te agradezco por darme el poder y la fortaleza para lograr cada meta vinculada con la visión divina que me has dado (Deuteronomio 8:18; 1 Pedro 5:10).

Ayúdame a discernir tu voluntad y determina mis tiempos y mis estaciones (1 Crónicas 12:32; Eclesiastés 3:1).

Que no codicie lo que le pertenece a alguien más (Éxodo 20:17; Romanos 13:9).

Rindo mis deseos y mi voluntad a ti, Señor. Tú me das los deseos de mi corazón (Salmo 37:4).

Señor Dios, diariamente dame la gracia para lograr cada tarea y comisión que me ha sido dada divinamente (Salmo 84:11; Hebreos 4:16).

Señor, según tu Palabra, declaro:

Eres mi porción; por lo tanto esperaré en ti (Lamentaciones 3:24).

Señor, eres mi fuerza y mi escudo. Mi corazón confía en ti, y soy ayudado (Salmo 28:7).

Todo lo que hago y logro no es por mi fuerza o por mi poder, sino por tu Espíritu (Zacarías 4:6).

Me has dado poder para prevalecer (Mateo 16:18).

Tú bendices la obra de mis manos (Deuteronomio 28:12).

Que tu Palabra more en abundancia en mi en toda sabiduría (Colosenses 3:16).

Sé que los pensamientos que tienes acerca de mí son buenos, y que todas las cosas me ayudan a bien (Jeremías 29:11; Romanos 8:28).

Los muchachos se fatigan y se cansan, los jóvenes flaquean y caen, pero yo espero en el Señor. Tengo nuevas fuerzas; levanto alas como las águilas; corro, y no me canso; camino, y no me fatigo (Isaías 40:30-31).

El Espíritu mismo da testimonio a mi espíritu, de que soy hijo de Dios. Y si hijo, también heredero; heredero de Dios y coheredero con Cristo, si es que padezco juntamente con él, para que juntamente con él sea glorificado. Pues tengo por cierto que las aflicciones del tiempo presente no son comparables con la gloria venidera que se ha de manifestar en mí (Romanos 8:16-18).

Estoy firme en la libertad con la que Cristo me hizo libre (Gálatas 5:1).

Porque ciertamente hay fin para mí, y mi esperanza no será cortada (Proverbios 23:18).

Llevo cautivo todo pensamiento a la obediencia a Cristo (2 Corintios 10:5).

Todo lo puedo en Cristo que me fortalece (Filipenses 4:13).

Estoy plenamente convencido de que Dios es también poderoso para hacer todo lo que ha prometido (Romanos 4:21).

Y a Aquel que es poderoso para hacer todas las cosas mucho más abundantemente de lo que pido o entiendo, según el poder que actúa en mí, a él sea gloria en la iglesia en Cristo Jesús por todas las edades, por los siglos de los siglos (Efesios 3:20-21).

Porque tuyo es el reino, y el poder, y la gloria, por todos los siglos. Amén. (Mateo 6:13).

NOTAS

◆ ◆ ◆

INTRODUCCIÓN

1.   Adriana Cavarero, *For More Than One Voice* [Para más de una voz] (Stanford, CA: Stanford University Press, 2005), 169, https://books.google.com/books?id=h9wuujvz1AsC&dq.

2.   Online Etymology Dictionary [Diccionario etimológico en línea], s.v. "voice" [voz], consultado el 3 de mayo de 2018, https://www.etymonline.com/word/voice.

3.   *Oxford English Dictionary* [Diccionario inglés Oxford], s.v. "voice" [voz], consultado el 3 de mayo de 2018, https://en.oxforddictionaries.com/definition/us/voice.

4   Online Etymology Dictionary [Diccionario etimológico en línea], s.v. "hallo" [aló], consultado el 3 de mayo de 2018, https://www.etymonline.com/word/hallo; Online Etymology Dictionary [Diccionario etimológico en línea], s.v. "voice" [voz], consultado el 3 de mayo de 2018, https://www.etymonline.com/word/voice.

5.   Jim Rohn, "Jim Rohn Personal Development Seminar" [Seminario de Desarrollo Personal de Jim Rohn], video de You-Tube, publicado por "Documentary youtube", 7 de febrero de 2016, https://www.youtube.com/watch?v=jnBdNkkceZw.

6.   Jim Rohn, como fue citado en The Business Quotes [Las citas empresariales], consultado el 11 de mayo de 2018, http://www.thebusinessquotes.com/jim-rohn-quotes/.

7.   Benjamín Disraeli, *Endymion* (New York: D. Appleton and Company, 1880), 117, https://books.google.com/books?id=GLglAAAAMAAJ&q.

8.   Dr. Seuss, *Oh, the Places You'll Go!* (New York: Random House, 1960). Versión en español: *¡Oh, cuán lejos llegarás!* http://a.co/hszIu8L

CAPÍTULO 1: ES SU FUTURO: ¡APRÓPIESE DE ÉL!

1.   Nick Hoffman, "What's in a Name: Kettering Health Network" [¿Qué hay en un nombre? La Red de Salud Kettering], Cox Media Group, actualizado el 3 de diciembre de 2014, https://www.dayton.com/news/special-reports/what-name-kettering-health-network/Q8O8ZWrgXivtFQxWmUAB6K/.

2.   Garson O'Toole, "Whether You Believe You Can Do a Thing or Not, You Are Right" [Sea que usted crea que puede hacer algo o no: tiene razón], Quote Investigator [Investigador de Citas], 3 de febrero de 2015, https://quoteinvestigator.com/2015/02/03/you-can/.

3.   Robert Collier, *Riches Within Your Reach! [¡Riquezas a su alcance!]* (New York: Penguin Group, 2009), https://books.google.com/books?id=Orc1pRyjI9kC&pg.

4.   Online Etymology Dictionary [Diccionario etimológico en línea], s.v. "vision" [visión], consultado el 3 de mayo de 2018, https://www.etymonline.com/word/vision.

5.   William Shakespeare, *Hamlet* Acto I, Escena 3, http://www.gutenberg.org/files/1524/1524-h/1524-h.htm.

6.   Vea mis libros *The 40 Day Soul Fast* [El ayuno de 40 días del alma] y *Reclaim Your Soul* [Reclame su alma].

7.   *Oxford English Dictionary* [Diccionario inglés Oxford], s.v. "vision" [visión], consultado el 4 de mayo de 2018, https://en.oxforddictionaries.com/definition/us/vision.

8.   Jack Canfield, "Secret to Success" "El secreto al éxito", video de YouTube, publicado por "YouAreCreators", 12 de diciembre de 2012, https://www.youtube.com/watch?v=DC4SA_6FqG4.

9.   E. H. Lindley, "The New Frontier: Charge to the Class of 1932" [La Nueva Frontera: arenga a la generación de 1932", discurso, the University of Nebraska (Lincoln, NE, 4 de junio de 1932).

10.   "Official Report of the One Hundred Sixty-Seventh Semiannual General Conference of The Church of Jesus Christ of Latter-Day Saints" [Informe oficial del ciento sesenta y siete congreso general semestral de la Iglesia de los Santos de los Últimos Días], del 4 al 5 de octubre de 1997, https://archive.org/stream/conferencereport1997sa/conferencereport1997sa_djvu.txt.

11. Theodore Roosevelt, "The Strenuous Life" [La vida ardua], 10 de abril de 1899, http://voicesofdemocracy.umd.edu/roosevelt -strenuous-life-1899-speech-text/.

12. Matthew B. Ridgway, *Military Review*, XLVI, No. 10 (Octubre 1966), 46, http://cgsc.contentdm.oclc.org/cdm/ref /collection/p124201coll1/id/634.

13. Robert H. Schuller, *Serás lo que quieras ser* (Miami: Editorial Vida, 1976), 11, del original en inglés.

14. John Mason, *Know Your Limits—Then Ignore Them* [Conozca sus límites; después ignórelos] (Tulsa, OK: Insight Publishing Group, 1999), 9, https://books.google.com/books?id =Juumj0XpgBYC&pg.

Capítulo 2: Deje atrás lo ordinario

1. Blue Letter Bible, s.v. "Tsvʾuʾ," consultado el 8 de mayo de 2018, https://www.blueletterbible.org/lang/lexicon/lexicon .cfm?Strongs=H6820&t=KJV.

2. Napoleon Hill, *Think and Grow Rich* [Piense y hágase rico] (New York: Skyhorse Publishing, 2016), capítulo 2, https://books .google.com/books?id=OVSJCwAAQBAJ&q. Edición en español disponible.

3. Consulte mi libro *History Maker* [Hacedor de la historia].

4. Frederick Douglass, "My Escape From Slavery" [Mi escape de la esclavitud] *The Century Illustrated Magazine* 23, n.s. 1 (November 1881): 125–131, http://pagebypagebooks.com /Frederick_Douglass/My_Escape_From_Slavery/My_Escape _From_Slavery_p4.html.

5. Ben Carson, en entrevista con Kim Lawton, Religion & Ethics Newsweekly, 11 de enero de 2008, http://www.pbs.org /wnet/religionandethics/2008/01/11/january-11-2008-dr-ben -carson-extended-interview/4847/.

6. "Times Call for Liberal Action, Says Kennedy" [Los tiempos llaman por una acción liberal, dice Kennedy] *Lodi News-Sentinel*, 13 de mayo de 1961, https://news.google.com/newspapers?id=QOgz AAAAIBAJ&sjid=g4HAAAAIBAJ&dq=americans+for+democrati c+action&pg=7056,2944411&safe=strict&hl=en.

7.   Herodoto, *The Histories* [Las historias], Libro 7, trad. A. D. Godley (Cambridge, MA: Harvard University Press, 1920), http://www.perseus.tufts.edu/hopper/text?doc=Perseus%3Atext%3A1999.01.0126%3Abook%3D7&force=y.

8.   Robert Fritz, *The Path of Least Resistance* [El camino de la menor resistencia] (New York: Random House, 1989), 166, https://books.google.com/books?id=z89m_l-XsV4C&q.

9.   Bible Study Tools, s.v. "*apokalupto*," consultado el 8 de mayo de 2018, https://www.biblestudytools.com/lexicons/greek/nas/apokalupto.html.

10.   T. S. Eliot, prefacio a *Transit of Venus: Poems* [Transito de Venus: Poemas], Harry Crosby, en *Collected Poems of Harry Crosby* [Antología de poemas de Harry Crosby], comp. Caresse Crosby (Paris: Black Sun Press, 1931), ix.

Capítulo 3: Establezca su curso hacia el mañana

1.   Antoine de Saint-Exupéry, *Flight to Arras* [Vuelo a Arras] (New York: Harcourt Brace, 1942), 129, https://www.amazon.com/Flight-Arras-Antoine-Saint-Exupéry/dp/0156318806.

2.   Stephen R. Covey, *The 7 Habits of Highly Effective People* (New York: Free Press, 2004), 98, https://www.amazon.com/Habits-Highly-Effective-People-Powerful/dp/0743269519. Edición en español: Los 7 hábitos de la gente altamente efectiva, Ediciones Paidós (2015), http://a.co/2SKoTkj

3.   "Tomorrow" [Mañana], The Doghouse Diaries [Los diarios de la perrera], 11 de marzo de 2012, http://thedoghousediaries.com/3474.

4.   Darren Hardy, "Darren Daily" [Darren diariamente], 9 de marzo de 2018.

5.   Guadalupe de la Mata, "How to Promote Positive Change in Teams and Organizations With Appreciative Inquiry" [Cómo promover el cambio positivo en equipos y organizaciones con la consulta apreciativa], Innovation for Social Change [Innovación para el cambio social], 21 de septiembre de 2014, http://innovationforsocialchange.org/social-innovation-methodologies-appreciative-inquiry-problems-strengths/?lang=en.

6. "Generic Processes of Appreciative Inquiry" [Procesos genéricos de consulta apreciativa], The Center for Appreciative Inquiry, [Centro de consulta apreciativa], consultado el 4 de mayo de 2018, https://www.centerforappreciativeinquiry.net/more-on-ai/the-generic-processes-of-appreciative-inquiry.

7. Brett Steenbarger, "Appreciative Inquiry: Leading by Asking the Right Questions" [Consulta apreciativa: lidere por medio de hacer las preguntas correctas], *Forbes*, 21 de junio de 2015, https://www.forbes.com/sites/brettsteenbarger/2015/06/21/appreciative-inquiry-leading-by-asking-the-right-questions/#580b3d432b53.

8. Marc Chernoff, "5 Things You Should Know About Letting Go" [5 cosas que usted debería saber acerca de dejar ir], *Marc & Angel Hack Life* (blog), 2 de septiembre de 2013, http://www.marcandangel.com/2013/09/02/5-things-you-should-know-about-letting-go/.

9. Howard Thurman, como fue citado en "Howard Thurman Center for Common Ground" [Centro Howard Thurman para el Terreno en Común], Boston University, consultado el 9 de mayo de 2018, https://www.bu.edu/thurman/about/history/.

10. Vea mi libro *Prevail* [Prevalezca].

11. Richard Paul Evans, *The Four Doors* [Las cuatro puertas] (New York: Simon & Schuster, 2013), 98, https://books.google.com/books?id=TdWbAQAAQBAJ&pg.

Capítulo 4: Atrévase a soñar

1. Michaela DePrince and Elaine DePrince, *Taking Flight* [Tomando vuelo] (New York: Ember, 2014), https://books.google.com/books?id=AMXaCwAAQBAJ&pg; William Kremer, "Michaela DePrince: The War Orphan Who Became a Ballerina" *[Michaela DePrince: La huérfana de guerra que se volvió bailarina]*, *BBC Magazine* [Revista BBC], 15 de octubre de 2012, http://www.bbc.com/news/magazine-19600296; David Smith, "Sierra Leone War Orphan Returns to Africa En Pointe for Ballet Debut" [Huérfana de la guerra de Sierra Leona regresa a África justo para su début de ballet] *Guardian*, 16 de julio de 2012, https://www

.theguardian.com/stage/2012/jul/16/sierra-leone-ballet-mchaela
-deprince.

2. Marsha Sinetar, *To Build the Life You Want, Create the Work You Love* [Para desarrollar la vida que usted quiere, genere el trabajo que usted ame] (New York: St. Martin's Press, 1995), 73, https:// books.google.com/books?id=wicjIwzilFYC&pg.

3. Wikiquote, s.v. "Mark Twain", consultado el 1 de junio de 2018, https://en.wikiquote.org/wiki/Talk:Mark_Twain.

4. Napoleon Hill, *The Law of Success in Sixteen Lessons* [La ley del éxito] (Blacksburg, VA: Wilder Publications, 2011), 388, https:// www.amazon.com/dp/1617201782/ref=rdr_ext_tmb
. Versión en español disponible en http://a.co/efPyg59

5. Hill, *Think and Grow Rich* [Piense y hágase rico] (New York: Fawcett Crest, 1983), 15, 132, https://books.google.com /books?id=wr3lCEKeuXAC&. Versión en español disponible en http://a.co/1gHxwyC

6. Collier, *Riches Within Your Reach! [¡Riquezas a su alcance!]*

7. Wikipedia, "Hero's Journey" [El periplo del héroe], última edición: 29 de abril de 2018, https://en.wikipedia.org/wiki/Hero %27s_journey#cite_note-monomyth-website-1.

8. Joseph Campbell, *The Hero with a Thousand Faces* [El héroe de las mil caras] (Novato, CA: New World Library, 2008), 23, https://books.google.com/books?id=I1uFuXlvFgMC&q. Versión en español: http://a.co/9AJQ02d

9. Campbell, *The Hero with a Thousand Faces*, 28–29.

10. Christopher Vogler, *The Writer's Journey: Mythic Structure for Writers* [El viaje del escritor: El cine, el guion y las estructuras míticas para escritores] (Studio City, CA: Michael Wiese Productions, 1998), https://books.google.com/books?id=Lgzk7 ElImugC&focus. Versión en español: http://a.co/70Z3xX1

11. Donald Miller, *Building a StoryBrand* [Desarrolle una historia de marca] (New York: HarperCollins Leadership, 2017), https://www.amazon.com/dp/B06XFJ2JGR/ref=rdr_kindle_ext _tmb.

12. "Storyline Conference Encourages Registrants to Live a Meaningful Narrative" [Congreso de argumento alienta a los asistentes a vivir una narrativa significativa], 10 de mayo de 2012,

Belmont University News, http://news.belmont.edu/donald-millers-storyline-conference-brings-special-guests-to-campus/.

13. "About Us" [Acerca de nosotros] Groundworks Initiatives, consultado el 10 de mayo de 2018, http://groundworksonline.com/about/; Ken Janke, "Story Lab: A New Training Initiative…" [Story Lab: Una iniciativa de capacitación] *Social Innovators* [Innovadores sociales] (blog), 10 de junio de 2010, https://socialinnovators.wordpress.com/2010/06/10/story-lab-a-new-training-initiative/.

14. Ken Janke, "Story Lab: A New Training Initiative…" [Story Lab: Una nueva iniciativa de capacitación…], *Social Innovators* [Innovadores Sociales] (blog), 10 de junio de 2010, https://socialinnovators.wordpress.com/2010/06/10/story-lab-a-new-training-initiative/.

15. Laura Buffington, "The Object of Desire" [El objeto del deseo] *Post Script* (blog), 6-7 de junio de 2010, http://www.southbrook.org/blogs/postscript/theobjectofdesire6672010.html.

16. John Eldredge, *Desire: The Journey We Must Take to Find the Life God Offers* [El deseo: el viaje que debemos realizar para encontrar la vida que Dios ofrece] (Nashville: Thomas Nelson Publishers, 2000), 11, 13, https://books.google.com/books?id=Xk-kbCTCT_UC&q.

17. Eldredge, *Desire*, 11, 13.

18. Leah Jessen, "One-Time War Orphan Michaela DePrince Stars as Dancer with Dutch National Ballet Company" [La que fuera una huérfana de guerra, Michaela DePrince, sobresale como bailarina de la Compañía de Ballet Nacional de Holanda], Daily Signal [Señal diaria], 21 de agosto de 2015, https://www.dailysignal.com/2015/08/21/one-time-war-orphan-michaela-deprince-stars-as-dancer-with-dutch-national-ballet-company/.

19. *MacMillan Dictionary* [Diccionario McMillan], s.v. "desire" [deseo], consultado el 10 de mayo de 2018, https://www.macmillandictionary.com/us/dictionary/american/desire_1#desire_1__1

20. Online Etymology Dictionary [Diccionario etimológico en línea], s.v. "desire" [deseo], consultado el 10 de mayo de 2018, https://www.etymonline.com/word/desire.

21.   Hill, *Think and Grow Rich* [Piense y hágase rico] (New York: Fawcett Crest, 1983), 1, https://books.google.com /books?id=wr3lCEKeuXAC&. Versión en español disponible en http://a.co/h7ufu9X.

22.   Hill, *Piense y hágase rico*, 20.

23.   Hill, *Think and Grow Rich*, 3.

24.   Si no ha leído *Piense y hágase rico* quizá quiera añadirlo a su biblioteca, junto con el precursor de este libro: *Declara bendición sobre tu día*.

25.   Hill, *Think and Grow Rich*, 17.

26.   Christine Caine, como fue citada en https://www.pinterest .com/pin/438186238723117095.

27.   Wendy Farley, *The Wounding and Healing of Desire* [La herida y la sanidad del deseo] (Louisville, KY: Westminster John Knox Press, 2005), 16, https://books.google.com/books?id =VrdeF6sVP7gC&q.

28.   Como fue citado en Dictionary Quotes [Diccionario de frases célebres], consultado el 10 de mayo de 2018, http://www .dictionaryquotes.com/quotations/quotes-463.php.

29.   Charlena Ortiz, "How to Make the Right Decision" [Cómo tomar la decisión correcta], correo electrónico enviado desde www. gritandvirtue.com, 4 de abril de 2018.

CAPÍTULO 5: REIMAGINE SU FUTURO

1.   Kristen Butler, "In South Korea, 'Invisible' Tower Infinity Will Be an 'Anti-Tower'" [En Corea del Sur la Torre Infinity "Invisible" será una "antitorre"], UPI.com, 13 de septiembre de 2013, https://www.upi.com/Odd_News/2013/09/13/In-South -Korea-invisible-Tower-Infinity-will-be-an-anti-tower /9331379078874/.

2.   Maxine Nwaneri, "When Tomorrow Becomes Today, Will You Be Ready?" [Cuando el mañana se convierta en el presente, ¿estará listo?] *Success* [Éxito], 28 de octubre de 2017, https://www .success.com/article/when-tomorrow-becomes-today-will-you-be -ready.

3.   Porciones de esta sección fueron adaptadas de *PUSH*. Usado con permiso de Destiny Image.

4. Daniel Gilbert, *Stumbling on Happiness* [Tropezar con la felicidad] (Toronto, CA: Random House, 2006), 5. Versión en español: http://a.co/4o45lLL

5. Online Etymology Dictionary [Diccionario etimológico en línea], s.v. "imagine" [imaginar], consultado el 10 de mayo de 2018, https://www.etymonline.com/word/desire.

6. Ian Wilson, "The Practical Power of Vision" [El poder práctico de la visión] *On the Horizon* [En el horizonte], 1996, 4(2), 1, 3–5.

7. Myles Munroe, *Purpose for Living* [Propósito para vivir] (Shippensburg, PA: Destiny Image, 2011), https://books.google .com/books?id=VKnTmoSwJ0AC&pg/.

8. Munroe, *Purpose for Living* [Propósito para vivir].

9. Myles Munroe, *Uncover Your Potential* [Descubra su potencial] (Shippensburg, PA: Destiny Image, 2012), 10, https:// books.google.com/books?id=mD21_H7xbq0C.

10. Munroe, *Uncover Your Potential* [Descubra su potencial], 11.

11. Hill, *Think and Grow Rich* [Piense y hágase rico], 11.

12. Marc and Angel Chernoff, "3 Things You Should Know About the Beliefs That Hold You Back" [Tres cosas que usted debe saber acerca de las creencias que lo detienen] *Marc & Angel Hack Life* (blog), consultado el 5 de abril de 2018, http://www.marcand angel.com/2017/08/27/3-things-you-should-know-about-the -beliefs-that-hold-you-back.

13. Marc Chernoff, Angel Chernoff, *Getting Back to Happy* [Cómo volver a ser feliz] (New York: TarcherPerigree, 2018), 112, https://www.amazon.com/Getting-Back-Happy-Thoughts -Triumphs/dp/0143132776.

14. Marc and Angel Chernoff, "5 Things You Should Know About Letting Go" [5 cosas que debería saber acerca de dejar ir]. *Marc & Angel Hack Life* (blog), 2 de septiembre de 2013, http:// www.marcandangel.com/2013/09/02/5-things-you-should-know -about-letting-go/.

Capítulo 6: Renueve su mente

1. Caroline Leaf, *Switch On Your Brain: The Key to Peak Happiness, Thinking, and Health* [Enciende tu cerebro: La clave para

la felicidad, la manera de pensar y la salud] (Ada, MI: Baker Books, 2013), 19, https://www.amazon.com/Switch-Your-Brain -Happiness-Thinking/dp/0801015707. Versión en español: http:// a.co/h7Tso2k

2. Leaf, *Switch On Your Brain* [Enciende tu cerebro], 55–56.

3. Hay que destacar el Neurosculpting Institute [Instituto de Neuroescultura] fundado por Lisa Wimberger y el NeuroLeadership Institute [Instituto de Neuroliderazgo] fundado por David Rock.

4. "The Medical Definition of Neuroplasticity" [La definición médica de neuroplasticidad], MedicineNet Inc., consultado el 4 de junio de 2018, https://www.medicinenet.com/script/main/art .asp?articlekey=40362.

5. Brian Tracy, como fue citado en la página de Facebook de Jack Canfield, 26 de abril de 2013, https://www.facebook.com /JackCanfieldFan/posts/10151396441665669.

6. Brian Tracy, como fue citado en la página de Facebook de Jack Canfield.

7. Neville Goddard, *The Power of Awareness* [El poder de la consciencia] (Seaside, OR: Rough Draft Printing, 2012), 13, https:// www.amazon.com/The-Power-of-Awareness/dp /B00FK8J3VY. Versión en español: http://a.co/gQUCUTg

8. Goddard, *The Power of Awareness* [El poder de la consciencia], 13.

9. Neville Goddard, *Prayer: The Art of Believing* [Plegaria: El Arte de Creer] (Altenmünste, Germany: Jazzybee Verlag, 2012), https://books.google.com/books?id=hUglgAbCIzMC&vq. Versión en español: http://a.co/2PhBSlJ

10. Bruce H. Lipton, *The Biology of Belief* [La biología de la creencia] (Carlsbad, CA: Hay House Publishers, 2008), xi, https:// books.google.com/books?id=p6Pgi7b_ZCsC&q. Versión en español: http://a.co/dSAHego.

11. Lipton, *The Biology of Belief* [La biología de la creencia], xxxi.

12. Hill, *Think and Grow Rich* [Piense y hágase rico].

13. Hill, *Think and Grow Rich* [Piense y hágase rico], 52-53.

14. Bruce H. Lipton, "Your perspective is always limited…," [Nuestra perspectiva siempre se ve limitada…] Facebook, 10 de

julio de 2013, https://www.facebook.com/BruceHLiptonPhD/posts/667704336577429.

15. Wikipedia, s.v. "darkness" [oscuridad]; consultado el 4 de junio de 2018, https://en.wikipedia.org/wiki/Darkness.

16. Peter Baksa, "Can Our Brainwaves Affect Our Physical Reality?" [¿Pueden nuestras ondas cerebrales afectar nuestra realidad física?]. The Huffington Post, 11 de noviembre de 2011, https://www.huffingtonpost.com/peter-baksa/-can-thoughts -manipulate-_b_971869.html.

17. Bruce Lipton, "The Wisdom of Your Cells" [La sabiduría de sus células], Mountain of Love Productions, consultado el 4 de junio de 2018, https://www.brucelipton.com/resource/article/the -wisdom-your-cells.

18. James Allen, *As a Man Thinketh* [Como un hombre piensa, así es su vida] (White Plains, NY: Peter Pauper Press, 1987), 13,16, https://books.google.com/books?id=1PRS3fY7pykC&vq. Versión en español: http://a.co/2KmARLP.

19. Tim Povtak, "Mind Over Matter? Yes, It's Working" [¿Mente sobre materia? Sí, está funcionando] *Orlando Sentinel*, 28 de agosto de 1988, http://articles.orlandosentinel.com/1988-08-28 /news/0060320132_1_sports-psychologist-athletes-mental-imagery.

20. Jack Canfield and Dave Andrews, *The 30-Day Sobriety Solution* [La solución de sobriedad de treinta días] (New York: Simon & Schuster, 2016), 237.

21. Kirk Wilkinson, *The Happiness Factor: How to Be Happy No Matter What* [El factor felicidad: Cómo ser feliz sin importar qué] (Austin, TX, Ovation Books, 2008), 100, https://books .google.com/books?id=X2aWVPyWYesC&.

22. Marcus Aurelius, *Meditations* [Meditaciones], XV, http://www.gutenberg.org/files/2680/2680-h/2680-h.htm

23. Nikolas Tesla, *My Inventions: The Autobiography of Nikola Tesla* [Mis inventos: la autobiografía de Nikola Tesla] (New York: Experimenter Publishing Company, 1919), https://books.google .com/books?id=QdteCAAAQBAJ&.

24. Charles W. Boatwright, "1973 Greater New Orleans Pro-am Open Invitational–Honoring Our Heroes, a True American Story!" [Abierto Pro-am por Invitación del Área Metropolitana

de Nueva Orleans 1973: honrando a nuestros héroes, ¡una historia americana verdadera!] *The QATSBY* (blog), 26 de abril de 2016, http://espygolfapp.com/blog/1973-greater-new -orleans-pro-am-open-invitational-honoring-our-heroes-a-true -american-story/.

25. Collier, *Riches Within Your Reach!* [¡Riquezas a su alcance!]

26. Jasmine Renner, Bowen Bailie, *Wisdom Keys to Releasing Your Creative Potential* [Claves de sabiduría para soltar su potencial creativo] (eBookIt, 2012), https://books.google.com/books?id =ysMp2cfa3sIC&pg.

27. Henry David Thoreau, *A Week on the Concord and Merrimack Rivers* (Concord River, MA: J. R. Osgood, 1873), 309, https://books.google.com/books?id=GtIgAAAAMAAJ&

28. Goddard, *The Power of Awareness* [El poder de la consciencia], 23.

29. Goddard, *The Power of Awareness* [El poder de la consciencia], 24-25.

30. Goddard, *The Power of Awareness* [El poder de la consciencia], 20.

CAPÍTULO 7: DESPIERTE A SU DESTINO DIVINO

1. Jonathan Sandys and Wallace Henley, *God and Churchill: How the Great Leader's Sense of Divine Destiny Changed His Troubled World and Offers Hope for Ours* [Dios y Churchill: La manera en que el sentido de destino divino del gran líder cambió su mundo atribulado y le ofrece esperanza al nuestro] (Carol Stream, IL: 2015).

2. Jonathan Peterson, "God and Churchill: An Interview With Jonathan Sandys and Wallace Henley" [Dios y Churchill: una entrevista con Jonathan Sandys y Wallace Henley] Bible Gateway, 7 de octubre de 2015, https://www.biblegateway.com /blog/2015/10/god-churchill-an-interview-with-jonathan-sandys -and-wallace-henley/.

3. Peterson, "God and Churchill" [Dios y Churchill].

4. Peterson, "God and Churchill" [Dios y Churchill].

5. Douglas Russell, "On the Brink of the Abyss" (Winston Churchill in the Great War) [Al borde del abismo (Winston

Churchill en la Gran Guerra)], WinstonChurchill.org, consultado el 4 de junio de 2018, https://winstonchurchill.org/publications /finest-hour/finest-hour-171/churchill-in-the-great-war-2/.

6. Winston Churchill, "Be Ye Men of Valour" [Sean valientes], BBC (primera transmisión como primer ministro, 19 de mayo de 1940), https://winstonchurchill.org/resources/speeches /1940-the-finest-hour/be-ye-men-of-valour/.

7. Winston Churchill, "Never Give In" [Nunca se rindan] (discurso en Harrow School, 29 de octubre de 1941), https:// winstonchurchill.org/resources/speeches/1941-1945-war-leader /never-give-in/.

8. Vea "Invictus" de William Ernest Henley; https://www .poetryfoundation.org/poems/51642/invictus

9. John C. Maxwell, *Developing the Leader Within You* [Desarrolle el líder que está en usted] (Nashville: Thomas Nelson, 2012). Versión en español: http://a.co/1MZOEvy. Versión en español actualizada de aniversario: http://a.co/0z25Ag5.

10. "Malala Yousafzai", Biography [Biografía], consultado el 3 de junio de 2018, https://www.biography.com/people/malala -yousafzai-21362253; Gordon Brown, "It's Up to Us to Deliver for Malala" [Depende de nosotros cumplirle a Malala], *The Huffington Post*, 15 de octubre de 2012, https://www.huffingtonpost.com /gordon-brown/malala-yousafzai_b_1966409.html; Chelsea Clinton, "The 2013 Time 100" [Las cien de Time 2013], *Time*, 18 de abril de 2013, http://time100.time.com/2013/04/18/time -100/slide/malala-yousafzai/;Gabrielle Giffords, "The 100 Most Influential People: Yousafzai" [Las cien personas de mayor influencia: Yousafzai], *Time*, 23 de abril de 2014, http://time.com /collection-post/70822/malala-yousafzai-2014-time-100/; Mezon Almellehan, "The 100 Most Influential People: Malala Yousafzai" [Las cien personas de mayor influencia: Malala Yousafzai], *Time,* 16 de abril de 2015, http://time.com/collection-post/3822637/malala -yousafzai-2015-time-100/

11. *Una familia del futuro dirigida* por Stephen John Anderson (Hollywood: Walt Disney Pictures, 2007), DVD, créditos finales.

CAPÍTULO 8: ENCUENTRE LA BRÚJULA DE SU VIDA

1. Wikipedia, s.v. "compass" [brújula]; consultado el 3 de junio de 2018, https://en.wikipedia.org/wiki/Compass.
2. Visite KingdomU.net y TrimmCoaching.como para conocer acerca de los cursos y el *coaching*.
3. Merriam-Webster, s.v. "lodestone" [piedra imán], consultado el 3 de junio de 2018, https://www.merriam-webster .com/dictionary/lodestone.
4. John C. Maxwell, "Until I understand where I am...." [Hasta que entienda donde estoy] Facebook, 25 de diciembre de 2014, https://www.facebook.com/JohnCMaxwell/posts /10152854261772954:0.
5. Idowu Koyenikan, Wealth for All: Living a Life of Success at the Edge of Your Ability [Riqueza para todos: Cómo vivir una vida de éxito al máximo de su habilidad] (Raleigh, NC: Grandeur Touch LLC, 2016), https://www.amazon.com/Wealth-All-Living -Success-Ability/dp/0990639711.
6. Buckminster Fuller, Guinea Pig B [Conejillo de Indias B] (Clayton, CA: Critical Path Publishing, 1983), 1, https://books .google.com/books?id=LSIsDwAAQBAJ&.
7. Buckminster Fuller, Synergetics: Explorations in the Geometry of Thinking [Sinergética: exploraciones en la geometría del pensamiento] (New York: Macmillan Publishing, 1975), 298, https://books.google.com/books?id=AKDgDQAAQBAJ&pg.
8. Wikipedia, s.v. "Degrees of freedom" [Grados de libertad], consultado el 3 de junio de 2018, https://en.wikipedia.org/wiki /Degrees_of_freedom_(physics_and_chemistry).
9. Wikipedia, "Degrees of freedom" [Grados de libertad]; Fuller, Synergetics [Sinergética].
10. Fuller, Synergetics [Sinergética].
11. Greg Watson, "12 Degrees of Freedom" [Doce grados de libertad], consultado el 16 de abril de 2018, http://12degreesoffreedom.org.
12. Fuller, Synergetics [Sinergética], 297.
13. Fuller, Synergetics [Sinergética], 224.
14. Watson, "12 Degrees of Freedom" [Doce grados de libertad].

15.   Max Lucado, *Let the Journey Begin* [Que el viaje comience] (Nashville: Thomas Nelson, 2015), 39, https://books.google.com /books?id=WCKMBQAAQBAJ&pg

16.   Tome el cuestionario DiSC en línea disponible en www .trimminternational.com.

17.   Peter M. Senge, "The Leader's New Work: Building Learning Organizations" [El nuevo trabajo del líder: desarrollar organizaciones que aprenden], Sloan Review, Otoño 1990, 9.

18.   Senge, "The Leader's New Work" [El nuevo trabajo del líder].

19.   W. S. Merwin, "The Estuary" [El estuario], consultado el 3 de junio de 2018, https://www.ablemuse.com/erato/showthread .php?t=267&styleid=1.

Capítulo 9: Elabore su lienzo

1.   Jami Sell, *Thought and Belief: How to Unlock Your Potential and Fulfill Your Destiny* [Pensamiento y creencia: cómo desatar su potencial y cumplir con su destino] (Bloomington, IN: Author House, 2010), 60, https://books.google.com/ books?id=U60TslRK7AcC&q.

2.   Plato, *The Republic* [La república], The Project Gutenberg, consultado el 3 de junio de 2018, https://www.gutenberg.org /files/1497/1497-h/1497-h.htm.

3.   Aristotle, *Politics* [Política] The Internet Classics Archive, consultado el 3 de junio de 2018, http://classics.mit.edu/Aristotle /politics.5.five.html.

4.   *Oxford Dictionary*, s.v. "vision" [visión] consultado el 3 de junio de 2018, https://en.oxforddictionaries.com/definition/vision.

5.   Tristan Loo, "How to Use a Vision Board to Activate the Law of Attraction" [Cómo usar un tablero de visión para activar la ley de la atracción], SelfGrowth.com, 5 de marzo de 2007, http:// www.selfgrowth.com/articles/How_to_Use_a_Vision_Board_to _Activate_the_Law_of_Attraction.html.

6.   Samuel Akinola Audifferen, *The Greatest Human Deception* [El mayor engaño de la humanidad] (Maitland, FL: Xulon Press, 2006), 50, https://books.google.com/books?id=g0_EQfn6PJwC&q.

7.   Loo, "How to Use a Vision Board to Activate the Law of Attraction" [Cómo usar un tablero de visión para activar la ley de atracción].

8.   Soledad O'Brien, "Prime Time With Soledad O'Brien" [Tiempo estelar con Soledad O'Brien], Essence, 1 de mayo de 2014, https://www.essence.com/2014/05/02/prime-time-soledad -obrien.

9.   Loo, "How to Use a Vision Board to Activate the Law of Attraction" [Cómo usar un tablero de visión para activar la ley de atracción].

CAPÍTULO 10: HAGA UN MODELO DE VOZ DE SU VISIÓN

1.   Ava Kofman, "Finding Your Voice" [Encuentre su voz], The Intercept, 19 de enero de 2018, https://theintercept .com/2018/01/19/voice-recognition-technology-nsa/

2.   Masaru Emoto, "What Is the Photograph of Frozen Water Crystals?" [¿Cuál es la fotografía de los cristales de agua congelada?], consultado el 3 de junio de 2018, http://www .masaru-emoto.net/english/water-crystal.html.

3.   Masaru Emoto, "What Is Hado?" [¿Qué es Hado?], consultado el 3 de junio de 2018, http://www.masaru-emoto.net /english/hado.html..

4.   Vea mi libro History Maker [Hacedor de la historia] para más sobre este tema.

5.   Online Etymology Dictionary [Diccionario etimológico en línea], s.v. "voice" [voz], consultado el 3 de junio de 2018, https:// www.etymonline.com/word/voice.

6.   Online Etymology Dictionary [Diccionario etimológico en línea], s.v. "invoke" [invocar], consultado el 3 de junio de 2018, https://www.etymonline.com/word/invoke.

7.   Merriam-Webster, s.v. "sound" [sonido], consultado el 3 de junio de 2018, https://www.merriam-webster.com/dictionary /sound.

8.   Brené Brown, "Courage Is a Heart Word (And a Family Affair)" [La valentía es una palabra del corazón (y un asunto familiar)], PBS, consultado el 3 de junio de 2018, http://www.pbs

.org/parents/experts/archive/2010/11/courage-is-a-heart-word
-and-a.html.

9.   Ben Kaplan, "Scenes from a Life: Bob Newhart" [Escenas
de una vida: Bob Newhart], *National Post*, 31 de marzo de 2012,
http://nationalpost.com/entertainment/scenes-from-a-life-bob
-newhart

10.   Lucy Handley, "How Jack Ma Built an Internet Giant"
[Cómo Jack Ma construyó un gigante de internet], CNBC, 1 de
noviembre de 2017, https://www.cnbc.com/2017/11/01/alibabas
-jack-ma-on-e-commerce-in-china-globalization-and-trump.html.

11.   Sanjana Ray, "How Jack Ma Overcame His Greatest
Failures to Become the Richest Man in China" [Cómo Jack Ma
venció sus mayores fracasos para convertirse en el hombre más rico
de China], YourStory, 16 de mayo de 2017, https://yourstory
.com/2017/05/jack-ma-success-story-2/.

12.   Handley, "How Jack Ma Built an Internet Giant" [Cómo
Ma construyó un gigante del internet]; Liyan Chen, Ryan Mac, and
Brian Solomon, "Alibaba Claims Title For Largest Global IPO
Ever With Extra Share Sales" [Alibaba reclama el título del mayor
OPI global de todos los tiempos con ventas de acciones extras],
Forbes, 22 de septiembre de 2014, https://www.forbes.com
/sites/ryanmac/2014/09/22/alibaba-claims-title-for-largest-global
-ipo-ever-with-extra-share-sales/; "The World's Billionaires" [Los
multimillonarios del mundo] *Forbes*, 2018 rankings, consultado el 3
de junio de 2018, https://www.forbes.com/billionaires/list
/#version:static.

13.   "Developing and Communicating a Vision" [Cómo
desarrollar y comunicar una visión], Community Tool Box (chapter
14, section 2) [Caja de herramientas de la comunidad (capítulo 14,
sección 2)], consultado el 3 de junio de 2018, https://ctb.ku.edu
/en/table-of-contents/leadership/leadership-functions/develop-and
-communicate-vision/main.

14.   "Developing and Communicating a Vision" [Cómo
desarrollar y comunicar una visión], Community Tool Box [Caja de
herramientas de la comunidad].

15.   Para más sobre este tema, consulte mi libro *Proclaim*
[Proclame].

16.   Wilferd Arlan Peterson, *The Art of Living, Day by Day* [El arte de vivir día a día] (New York: Simon & Schuster, 1972), 77.

17.   Para más sobre este tema, consulte mi libro de mayor venta *Declara bendición sobre tu día*.

CAPÍTULO 11: ENCIENDA SU GENIALIDAD DIVINA

1.   Consulte los libros de *Reglas de Combate, El Arte de la guerra para la batalla espiritual, Cómo un guerrero ora, Cuando los reinos entran en conflicto* y *Hasta que el cielo invada la tierra*.

2.   Vea *The 40 Day Soul Fast* [El ayuno de 40 días del alma], *Reclaim Your Soul* [Reclame su alma] y *The Prosperous Soul*.

3.   Génesis 37.

4.   Gina Amaro Rudan, Practical Genius: A 5-Step Plan to Turn Your Talent and Passion Into Success [Genialidad práctica: un plan de cinco pasos para convertir su talento y pasión en éxito] (New York: Simon & Schuster, 2013), 19, https://books.google .com/books?id=Z-8Ec-f8CZEC&q.

5.   Jonathan Fields, "Maker, Manager, and the 2% Challenge" [Desarrollador, administrador y el desafío del 2%], The Good Life Project, Episodio 284, 26 de agosto de 2015, http://www .goodlifeproject.com/podcast/pick-your-two-percent-and-put -everything-against-it/.

6.   Vea por ejemplo el video de YouTube Stephen Covey, "Put First Things First" [Primero lo primero], publicado por "Coach Doh Motivation", consultado el 3 de junio de 2018, https://www .youtube.com/watch?v=ciBRcrOgFJU.

7.   Wikipedia, s.v. "Flow (psychology)" [Flujo (psicología)], consultado el 3 de junio de 2018, https://en.wikipedia.org/wiki /Flow_(psychology).

8.   Alayna Kennedy, "Flow State: What It Is and How to Achieve It" [El estado de flujo: Qué es y cómo lograrlo], The Huffington Post, 5 de abril de 2017, https://www.huffingtonpost .com/alayna-kennedy/flow-state-what-it-is-and_b_9607084.html.

9.   Michael Breus, The Power of When [El poder del cuándo] (New York: Little, Brown & Co., 2016), https://www.amazon.com /dp/0316391263/ref=rdr_ext_tmb.

10. "What's Your Chronotype?" [¿Cuál es su cronotipo?], consultado el 3 de junio de 2018, https://thepowerofwhenquiz.com.

11.   Daniel H. Pink, When: The Scientific Secrets of Perfect Timing [Cuándo: los secretos científicos de la oportunidad perfecta] (New York: Riverhead Books, 2018), https://www
.amazon.com/When-Scientific-Secrets-Perfect-Timing/dp
/0735210624.

12.   Jenna Goudreau, "14 Things Successful People Do First Thing in the Morning" [Catorce cosas que las personas exitosas hacen primero en la mañana] Inc., consultado el 3 de junio de 2018, https://www.inc.com/business-insider/14-things-successful
-people-do-first-thing-in-the-morning.html.

13.   Shawn Stevenson, "Get Financially Fit, Upgrade Your Identity, and MAXOUT" [Póngase en condición financiera, suba de nivel su identidad y RINDA AL MÁXIMO] The Model Health Show, episodio 282, consultado el 17 de abril de 2018, https://s3.us-cast 2.amazonaws.com/themodelhealthshow
/Episode+282.pdf.

14.   Stevenson, "Get Financially Fit, Upgrade Your Identity, and MAXOUT" [Póngase en condición financiera, suba de nivel su identidad y RINDA AL MÁXIMO].

15.   Stevenson, "Get Financially Fit, Upgrade Your Identity, and MAXOUT" [Póngase en condición financiera, suba de nivel su identidad y RINDA AL MÁXIMO].

16.   Stevenson, "Get Financially Fit, Upgrade Your Identity, and MAXOUT" [Póngase en condición financiera, suba de nivel su identidad y RINDA AL MÁXIMO].

17.   Jim Rohn, Leading an Inspired Life [Lleve una vida inspirada] (Wheeling, IL: Nightingale-Conant, 1996), capítulo 15, https://www.amazon.com/Leading-Inspired-Life-Jim-Rohn
/dp/1555254594.

18.   Robert Cooper (@RobertCooperPhD), "The first 22 minutes…" [Los primeros veintidós minutos…], Twitter, 14 de diciembre de 2015, 5:04 p.m., https://twitter.com/robertcooperphd
/status/676523103082688513.

CAPÍTULO 12: DESCUBRA SU NUEVA FRONTERA

1. John F. Kennedy, "The New Frontier" [La nueva frontera], discurso de aceptación, Convención Nacional Democrática, 15 de julio de 1960, http://www.americanrhetoric.com/speeches /jfk1960dnc.htm.

2. James McWhinney, "Understanding the Consumer Confidence Index" [Cómo entender el índice de confianza del consumidor], Investopedia, 16 de enero de 2018, https://www .investopedia.com/articles/05/010604.asp.

3. Kennedy, "The New Frontier" [La nueva frontera] (discurso).

4. Kennedy, "The New Frontier" [La nueva frontera] (discurso).

5. Stevenson, "Get Financially Fit, Upgrade Your Identity, and MAXOUT" [Póngase en condición financiera, suba de nivel su identidad y RINDA AL MÁXIMO].

6. Mi programa propio Coaching Ejecutivo de Vida le dedica una unidad completa a desarrollar su marca personal. Visite www .trimmcoaching.com para aprender más.

7. Steven Pressfield, *Turning Pro: Tap Your Inner Power and Create Your Life's Work* [Cómo volverse profesional: conéctese con su poder interno y produzca el trabajo de su vida] (New York: Black Irish Books, 2012), https://books.google.com/books?id=FR7hAAA AQBAJ&printsec=frontcover#v=snippet&q=turning%20pro&f=false.

8. Online Etymology Dictionary [Diccionario etimológico en línea], s.v. "entrepreneur" [emprendedor], consultado el 3 de junio de 2018, https://www.etymonline.com/word/entrepreneur.

9. Merriam-Webster, s.v. "entrepreneur" [emprendedor], consultado el 3 de junio de 2018, https://www.merriam-webster .com/dictionary/entrepreneur.

10. Brett Nelson, "The Real Definition of Entrepreneur—And Why It Matters" [La verdadera definición de un emprendedor; y por qué importa], *Forbes*, 5 de junio de 2012, https://www .forbes.com/sites/brettnelson/2012/06/05/the-real-definition-of -entrepreneur-and-why-it-matters/#70130bf74456

11. Russell S. Sobel, "Entrepreneurship" [Espíritu empren-dedor], *The Concise Encyclopedia of Economics* [La enciclopedia

concisa de economía], consultado el 4 de mayo de 2018, http://www.econlib.org/library/Enc/Entrepreneurship.html

12.   Eric Schurenberg, "What's an Entrepreneur? The Best Answer Ever" [Qué es un emprendedor: la mejor respuesta de todos los tiempos], Inc., 9 de enero de 2012, https://www.inc.com/eric-schurenberg/the-best-definition-of-entepreneurship.html

13.   Barry Popik, "Conceive—Believe—Achieve" [Concebir, creer, lograr], barrypopik.com, 29 de marzo de 2014, https://www.barrypopik.com/index.php/new_york_city/entry/conceive_believe_achieve/.

14.   Robert K. Cooper, "What's the Most Exceptional Thing You've Done Today?" [¿Qué es lo más excepcional que ha hecho hoy?], InnerSelf, https://innerself.com/content/living/finance-and-careers/career-and-success/7399-the-most-exceptional-thing-youve-done-today.html.

15.   "Amygdala" [Amígdala], Brain Made Simple [El cerebro simplificado], consultado el 3 de junio de 2018, http://brainmadesimple.com/amygdala.html.

16.   Cooper, "What's the Most Exceptional Thing You've Done Today?" [¿Qué es lo más excepcional que ha hecho hoy?]

17.   Cooper, "What's the Most Exceptional Thing You've Done Today?" [¿Qué es lo más excepcional que ha hecho hoy?]

18.   Cooper, "What's the Most Exceptional Thing You've Done Today?" [¿Qué es lo más excepcional que ha hecho hoy?]

19.   Robert Cooper, "Small Rules, Big Results" [Reglas pequeñas, grandes resultados], Upwire, episodio 190, 23 de febrero de 2017, https://www.stitcher.com/podcast/upwire-hacking-human-nature/e/49236991?autoplay=true.

20.   Cooper, "What's the Most Exceptional Thing You've Done Today?" [¿Qué es lo más excepcional que ha hecho hoy?]

21.   Robert Cooper, "Small Rules, Big Results" [Reglas pequeñas, grandes resultados].

22.   Consulte *Reclaim Your Soul* [Reclame su alma] para más sobre este tema.

23.   Como fue citado en William J. Nippard, *The Leadership Ladder: 8 Steps to Maximum Success for You and Your Organization* [La escalera del liderazgo: ocho pasos para el éxito máximo para

usted y su organización] (Nashville: WestBow Press, 2011), https://
books.google.com/books?id=CFh9YSMhxTsC&pg.

24. Kennedy, "The New Frontier" [La nueva frontera] (discurso).

EPÍLOGO

1. Winston Churchill, "The End of the Beginning" [El fin del
principio], discurso pronunciado en el Almuerzo del Lord Alcalde
en Mansion House, 10 de noviembre de 1942, http://www
.churchill-society-london.org.uk/EndoBegn.html.

2. Busque mi próximo libro *¡Adiós, ayer!*